上海外国语大学
SHANGHAI INTERNATIONAL STUDIES UNIVERSITY

新丝路学刊

Journal of New Silk Road Studies

2018 年第 4 期（总第 6 期）

马丽蓉／主编

社会科学文献出版社
SOCIAL SCIENCES ACADEMIC PRESS（CHINA）

编　委　会

主　　　编　马丽蓉

编委会名单　（以姓氏笔画为序）

王　健　刘迎胜　石源华　宁　琦　卢山冰

邢广程　孙壮志　许培源　杨　恕　杨福昌

杨富学　吴思科　周　烈　郭长刚　潘志平

〔巴基斯坦〕纳杰姆丁·谢赫

编辑部主任　杨　阳

责任编辑　王　畅

编　　　辑　赵　阳　闵　捷　张　宁

目　录

● 特稿 ●

“一带一路”背景下中国与亚非国家合作的机遇、挑战及应对
………………………………………………………… 吴思科 / 1

● “一带一路”研究 ●

“一带一路”背景下中国与埃及产能合作的主要成就及面临的问题
………………………………………………… 马晓霖　闫　兵 / 11
“一带一路”背景下中国与以色列的人文交流 ……… 郭白歌 / 24

● 国别与区域研究 ●

美国大都市劳动力市场拉丁裔创业的多维度研究 ……………… 王清芳 / 39
当代中国的拉丁美洲研究 …………………………… 于　漫 / 56
坦桑尼亚新型华人社区的社会互动：以“S”社区为例 …… 马　骏 / 75

● 丝路学研究 ●

文化维度理论下的阿拉伯固有文化特征研究 ………… 肖　凌 / 89
缅甸“罗兴亚人”问题的历史与现实分析 ……… 熊顺清　吴金光 / 103
英国殖民时期马来亚法制的近代化研究 ……………… 张　榕 / 116

《新丝路学刊》（总第 1 期～总第 6 期）目录 ……………… / 129

Contents

Special Section

Wu Sike, **Opportunities, Challenges and Countermeasures for China's Cooperation with Asian and African Countries under the Background of "The Belt and Road"** / 1

The "Belt and Road" Studies

Ma Xiaolin, Yan Bing, **"The Belt and Road Initiative" and China-Egypt Cooperation on Production Capacity: Outcome and Problem Research** / 11

Guo Baige, China-Israel Cultural Exchanges under the Background of "The Belt and Road" / 24

Country and Area Studies

Wang Qingfang, **Hispanic Business Ownership across U. S. Metropolitan Labor Markets: A Multilevel Approach** / 39

Yu Man, **Latin American Studies in Modern China** / 56

Ma Jun, Self-Positioning of New Chinese Community in Tanzania: Take the "S" Community as an Example / 75

Silk Road Studies

Xiao Ling, **The Inherent Cultural Characteristics of Arabia under the Cultural Dimension Theory** / 89

Xiong Shunqing, Wu Jinguang, **History and Reality of Rakhine Issue** / 103

Zhang Rong, The Modernization of the Malaya Legal System in the British Colonial Period / 116

Journal of New Silk Road Studies Contents (Volume 1 – 6) / 129

"一带一路"背景下中国与亚非国家合作的机遇、挑战及应对

吴思科

【摘　　要】改革开放 40 年来，中国与亚非国家的关系持续发展，深刻地改变了中国和世界的面貌。2013 年，中国政府提出了"一带一路"倡议，这同时也是深化改革开放的重要举措。本文以中阿关系、中非关系为案例，论述了改革开放尤其是共建"一带一路"以来，中国与亚非国家通过夯实战略伙伴关系，进而推动构建新型国际关系和人类命运共同体的外交实践。

【关 键 词】深化改革开放　一带一路　阿拉伯国家　非洲国家　伙伴关系

【作者简介】吴思科，中阿友好协会副会长，前中国中东问题特使，前驻埃及、沙特大使。

2018 年是中国改革开放 40 周年。40 年来，中国人民在中国共产党领导下，立足自身国情和实践，经过艰辛探索走出了一条实现国家富强和人民幸福的成功之路，这就是中国特色社会主义道路。从农村包产到户的探索创新、乡镇企业的异军突起，到城市经济体制改革以及全面深化改革，再到数字经济的蓬勃发展，中国人民用双手书写了国家和民族发展的壮丽史诗。按照可比价格计算，40 年来中国国内生产总值年均增长约 9.5％，中国人民生活从短缺走向充裕，从贫困走向小康，改革开放取得巨大成功。当前，中国已经成为世界第二大经济体、第一大工业国、第一大货物贸易国、第一大外汇储备国，连续多年对世界经济增长

贡献率超过 30%，成为世界经济增长的主要稳定器和动力源。历史已经昭示，改革开放是中国现当代史上具有划时代意义的重大事件，它给中国带来翻天覆地的变化，也对世界产生深远影响，不少亚非国家在探寻适合本国发展道路的过程中开始主动借鉴中国的发展经验。

一　深化改革开放与"一带一路"

改革开放让中国打开国门搞建设，实现了从封闭、半封闭到全方位开放的伟大转折，也使中国与世界的关系发生了历史性变化。中国把自身的发展融入人类进步的历史进程，与各国共享发展机遇，坚持"引进来"和"走出去"，给中国的经济社会发展带来勃勃生机。2013 年，中国国家主席习近平提出了"一带一路"倡议，实际上也是中国深化改革开放的重要举措，即仅从沿海开放到沿海沿边开放并举，进而使中国的西部地区逐步成为开放前沿，使改革开放取得更大成效。

从国际层面看，通过共建"一带一路"，中国可以促进贸易多元化，促进在全球范围内配置生产要素和发展资源，从而进一步完善改革开放布局。与此同时，中国也会向一些发展中国家提供力所能及的帮助，为世界经济复苏和发展注入新的活力。中国坚持认为，世界各国人民生活在同一个"地球村"，应开展合作应对人类面临的各种挑战，构建人类命运共同体。在全球化深入发展的今天，世界无论是一个人还是一个国家都不能独善其身，应守望相助，不能见利忘义，更不能以邻为壑。中国的发展需要世界，世界的发展也离不开中国。自"一带一路"倡议提出以来，中国同"一带一路"相关国家的货物贸易额累计超过 5 万亿美元，对外直接投资超过 700 亿美元，对外承包工程合同金额超过 5000 亿美元。中国在全球各地建设的 82 个经贸合作区上缴东道国税费超过 20 亿美元，为当地创造 20 多万个就业岗位。① 事实证明，中国是世界和平的建设者、全球发展的贡献者，也是国际秩序的维护者。

在世界面临大发展、大变革、大调整的形势下，中国作为联合国创始会员国

---

① 陆娅楠：《"一带一路"五年贸易额超五万亿美元》，《人民日报》（海外版）2018 年 8 月 28 日。

和安理会常任理事国，始终积极融入现行国际体系，参与了当今世界几乎所有重要政府间国际组织，签署了 300 多项国际公约。在国际发展合作方面，中国迄今已向 160 多个国家和国际组织提供了近 4000 亿元人民币发展援助。中国还通过南南合作援助基金、中国—联合国和平与发展基金、气候变化南南合作基金等机制，积极帮助其他发展中国家落实 2030 年可持续发展议程，并积极参与联合国和世界贸易组织等多边机制，为全球发展和治理体系改革做出重要贡献，成为世界经济增长的动力源、人类和平事业的稳定器。

基于对国内、国际形势的判断，当前中国发展已进入由高速度向高质量转变的新阶段，取得的成绩有目共睹，面临的问题也很多，中国改革开放已到了一个新的历史关头。在认真总结改革开放 40 年成功经验的同时，需要更加重视提高改革开放的质量和水平。同时，尽管单边主义、保护主义在国际社会中有愈演愈烈之势，但和平发展、合作共赢仍然是时代潮流。在这种形势下，作为世界上最大的发展中国家，中国的发展既需要和谐稳定的国内环境，也需要和平安宁的国际环境，这就决定了中国必须坚持改革开放，坚持走和平发展道路。中国决心在更高起点、更高层次、更高目标上推进改革开放，坚定不移地全面深化改革，深入落实共建"一带一路"倡议，推动形成更高层次改革开放新格局，为中国的发展注入不竭动力。

二　深化改革开放与中阿战略伙伴关系构建

中国的改革开放推动了中国与阿拉伯国家关系的发展，中阿在政治、经济、人文等各领域的关系都取得长足进步；中国提出"一带一路"倡议后，也得到了阿拉伯国家的积极响应与热情参与。在 2018 年 7 月举办的中阿合作论坛第八届部长级会议上，中阿双方一致同意建立全面合作、共同发展、面向未来的中阿战略伙伴关系，签署了《北京宣言》、《中阿合作论坛 2018 年至 2020 年行动执行计划》以及《中阿合作共建"一带一路"行动宣言》三份重要成果文件，为未来的中阿关系指明了前进方向。当前，中国已与 9 个阿拉伯国家签署了共建"一带一路"协议，中阿共建"一带一路"已成为中阿集体合作最鲜明的时代特色，并体现于中阿合作的方方面面。中阿双方正共同努力，认真落实各领域务实合作，推动中阿战略伙伴关系的不断深化。

在政治领域，中国国家主席习近平在中阿合作论坛第八届部长级会议上明确指出，作为历史上丝路文明的重要参与者和缔造者之一，阿拉伯国家身处"一带一路"交会地带，是共建"一带一路"的天然合作伙伴。双方携手同行，把"一带一路"同地区实际结合起来，把集体行动同双边合作结合起来，把促进发展同维护和平结合起来，优势互补，合作共赢，造福地区人民和世界人民。科威特埃米尔萨巴赫，会议阿方主席、沙特外交大臣朱拜尔，阿拉伯国家联盟秘书长盖特在开幕式上致辞时都高度评价阿中传统友谊，表示阿拉伯国家愿集体参与"一带一路"建设，赞同习近平主席打造中阿命运共同体、推动构建人类命运共同体的主张。在中东和平与安全面临严峻挑战的形势下，阿方期待同中方加强沟通协调，共同促进地区和平稳定、发展繁荣，携手推进新时代阿中战略伙伴关系。

在经济领域，2014 年 6 月，习近平主席在中阿合作论坛第六届部长级会上提出中阿应坚持共商、共建、共享的原则共建"一带一路"，并提出构建以能源合作为主轴，以基础设施建设、贸易和投资便利化为"两翼"，以核能、航天卫星、新能源三大高新领域为突破口的"1 + 2 + 3"合作格局，得到了阿拉伯国家的积极响应。① 之后，双方在这一平台上的务实合作规模不断深化。2016 年，中国从阿拉伯国家进口液化天然气 509.8 万吨，占进口总量的 19.9%。2017 年，中国从阿拉伯国家进口原油 1.57 亿吨，占进口总量的 37.03%；同年，中国在阿拉伯国家新签工程承包合同金额达 328.05 亿美元。② 双方在产能对接、石油炼化、港口基建等领域均推出重大项目。中国已是阿拉伯国家的第二大贸易伙伴，也是其中 10 个阿拉伯国家的最大贸易伙伴。中阿在论坛框架下设立了技术转移中心，签署了"北斗"卫星导航系统落地协议，并就和平利用核能培训中心、清洁能源中心合作协议达成一致。中阿双方还启动了科技伙伴关系，将在新能源、卫生健康、现代农业、通信等领域建立 10 个国家联合实验室。中国已与埃

① 《弘扬丝路精神　深化中阿合作——在中阿合作论坛第六届部长级会议开幕式上的讲话》，中国政府网，2014 年 6 月 5 日，http：//www.gov.cn/xinwen/2014 - 06/05/content_ 2694830.htm。

② 《驻阿联酋大使倪坚在阿联酋媒体发表署名文章》，中华人民共和国外交部官网，2018 年 7 月 5 日，http：//www.fmprc.gov.cn/web/dszljt_ 673036/t1574175.shtml。

及、阿尔及利亚、阿联酋、沙特、苏丹5国开展了双边航天合作，并于2017年成功发射阿尔及利亚一号通信卫星，中阿北斗中心也于2018年在突尼斯成立。2017年，中国和沙特确定第一批中沙产能与投资合作30个重点项目，其中8个项目已经开工建设。

与此相应的是中阿在金融领域的合作不断拓展。阿拉伯国家积极参与亚洲基础设施投资银行的建设与运行，埃及、科威特、卡塔尔、阿曼、沙特、阿联酋、约旦7国成为亚投行创始成员国。沙特代表和埃及代表还分别担任亚投行中东选区和非洲选区的董事。目前，亚投行已批准4项涉及13个阿拉伯国家的项目，分别是阿曼杜库姆港商业码头和作业区项目、阿曼铁路系统准备项目、阿曼宽带基础设施项目、埃及太阳能光伏发电项目，贷款承诺额共计6.63亿美元，占比15.67%。2017年1月，亚投行向阿曼提供贷款2.65亿美元，是亚投行首次向阿拉伯国家提供贷款。[①] 中国还与阿联酋、卡塔尔设立共计200亿美元的共同投资基金。中国工商银行多哈分行和中国农业银行迪拜分行也已启动人民币清算业务，"中国—阿拉伯国家银行联合体"即将成立。

中阿共建"一带一路"倡议得到众多阿拉伯国家的热烈响应，许多国家都在积极谋划将各自的发展战略与"一带一路"建设相对接。例如，埃及的"经济振兴计划"，沙特、阿联酋、卡塔尔和巴林的"2030愿景"，阿尔及利亚的第四个五年计划，约旦的"可持续发展战略及2025愿景"，科威特的"2035愿景"，摩洛哥的丹吉尔科技城建设，伊拉克的"157个重建重点计划"等。"一带一路"建设为新时期中阿务实合作升级换代打造了新平台，增添了新动力，创造了新机遇。可以说，中阿双方正在以油气合作、低碳能源合作的"双轮"转动，推动实现金融合作、高新技术合作"两翼"齐飞。[②] 当前，中阿共建"一带一路"在中东的整体布局正在快速成型，双方在科技领域的合作毫无疑问是双方共建"一带一路"的"永动机"。

此外，电子商务领域也已成为中阿经济合作中新的增长点。2018年7月，中国国家主席习近平访问阿联酋期间，中阿在阿布扎比共同签署了一份备忘录，

---

① 《构建人类命运共同体的生动实践》，《人民日报》2018年1月18日。
② 《中国智慧照亮中阿合作之路》，《人民日报》（海外版）2018年7月16日，第10版。

决定建立电子商务合作机制，支持两国企业开展电子商务项目合作，包括通过电子商务推动各自国家优质特色产品贸易，开拓中阿经贸合作新途径和新领域，不断提升两国贸易便利化程度和合作水平。阿联酋占据中东电商市场的近半份额，从某种程度上说，这一政府间共识的达成是近年来中国与阿联酋乃至中东地区电商合作快速发展的结果。中东电商市场虽体量不大，但近年来年均增长率约为 20%，被业界称为"现象级"，这一增长则与中国企业在当地的发展密不可分。中东地区的电商市场潜力巨大，并具备发展电商的各项条件。互联网渗透率、人均可支配收入、消费便利性、线上线下互补性是衡量电商发展潜力的主要指标。作为目前中东地区主要市场的阿联酋、沙特等国，智能手机普及率均超过 70%，卡塔尔的移动网络渗透率甚至超过了 90%，而当地线下商品尤其是小商品则长期匮乏，需要线上市场做补充。值得一提的是，沙特等产油国近年来着力摆脱对石油产业的过度依赖，转向发展现代服务业，也为电商发展创造了得天独厚的环境。

在人文领域，中阿双方均深切意识到文明多样性是人类进步的不竭动力，中华文明与阿拉伯文明各成体系、各具特色，但都包含着人类发展进步所积淀的共同理念和共同追求，都重视中道平和、忠恕宽容、自我约束等价值观念。在"一带一路"建设中，应该开展文明对话，倡导包容互鉴，一起挖掘民族文化传统中积极处世之道同当今时代的共鸣点。不断落实具体的中阿人文交流项目，不仅将有助于中东地区本身的发展，而且也是从根本上解决中东地区安全问题和恐怖主义蔓延问题的举措，有望使地区走向更加安全、稳定。同时，中阿双方也普遍意识到，中东地区民族问题、宗教问题复杂，一些热点问题短时间内还难以解决，极端恐怖势力在部分地区还很猖獗，地区的碎片化趋势也为"一带一路"建设所努力实现的民心相通增添了障碍。当前，中方必须深刻认识到中阿共建"一带一路"不是一朝一夕之功，而是一个较长时期的巨大工程。在具体建设过程中，需要首先选择条件较成熟的国家和地区展开，同时积极参与推动热点问题的解决，同地区各国密切人文交流，积累人脉，为条件成熟时共建"一带一路"打下基础。正如 2016 年 1 月习近平主席在阿盟总部的演讲中所指出的，"'一带一路'延伸之处，是人文交流聚集活跃之地。民心交融要绵绵用力，久久为功"。①

---

① 习近平：《共同开创中阿关系的美好未来》，《人民日报》2016 年 1 月 22 日。

三 深化改革开放与中非全面战略合作伙伴关系构建

2018 年 9 月，中非合作论坛北京峰会隆重召开。在当前国际形势深刻复杂变化的背景下，中非领导人再次聚首北京，共商中非友好合作大计，规划新时代中非合作蓝图，这不仅是中非双方的热切期待，在国际上也引起广泛关注。本着共商、共建、共享原则，中非双方将峰会主题同中非共建"一带一路"、联合国2030 年可持续发展议程、非盟《2063 年议程》以及非洲各国发展战略结合起来，以携手开辟共同发展的新前景。会议顺利通过了《关于构建更加紧密的中非命运共同体的北京宣言》《中非合作论坛——北京行动计划（2019—2021年)》，推出了"八大行动计划"①，承诺对中非合作提供 600 亿美元资金支持。

2000 年成立的中非合作论坛是中国和非洲国家开展集体对话、深化互利合作的重要渠道，该论坛也是世界上规模最大、成效最好的南南合作平台。"一带一路"倡议提出后，中非双方深化合作的力度更是不断加大。2013 年习近平任国家主席后第一次出访就选择了非洲，2018 年习近平连任国家主席后的第一次出访也选择了位于非洲不同区域的 4 个国家。在过去 5 年多的时间内 4 次访问非洲，习近平主席多次强调发展同非洲国家的全面合作是中国的战略选择。与此同时，非洲国家元首和政府首脑等 60 多人次也先后访华或来华出席国际会议。在双方的共同努力下，中非关系定位已经提升为全面战略合作伙伴关系。

在政治领域，双方高层往来频密。这些互访和交流为中非关系发展提供了有力的政治引领。中非在国际和地区事务中一贯相互支持，当前在反对贸易保护主义和维护国际规则方面有广泛共识。中非在和平与安全领域的合作也明显加强，成为双方合作的亮点。中方坚定支持非洲加强自主和平能力建设，包括支持非洲常备军和快速反应部队建设。中国是联合国安理会五个常任理事国中向非洲派遣维和人员最多的国家。中国积极参与在索马里海域打击海盗和护航行动，已经派出 29 批护航舰队。中国还积极参与斡旋南苏丹等非洲热点问题的解决。在 2015年南非举行的约翰内斯堡中非合作论坛上，中非双方明确提出做强和夯实政治上

---

① 具体指产业促进、设施联通、贸易便利、绿色发展、能力建设、健康卫生、人文交流、和平安全八项行动。

平等互信、经济上合作共赢、文明上交流互鉴、安全上守望相助、国际事务中团结协作这"五大支柱"。中非关系的发展不仅给双方带来实实在在的利好，也推动了国际社会加大对非洲的关注与投入，促进了全球共同发展和繁荣。

在经济领域，中非双方利益深度融合，中国对非洲经济发展的贡献率显著提升。2013年，中非双边贸易额首次突破2000亿美元，达到2102.5亿美元，同比增长5.9%；2014年中非贸易额增至2216.6亿美元。[①] 同2000年比，2017年中非贸易额增长了17倍，中国连续9年成为非洲第一大贸易伙伴国；在对非投资方面，2000～2017年，中国对非投资额增长了100多倍，2017年中国对非各类投资超过1000亿美元，在非企业超3100家。[②]

中非双方在人文领域的交流同样令人鼓舞，民间交流蓬勃发展。非洲是世界文明的重要发源地，文明的多样性在这里充分体现，是人类文明的多彩一极。中非人文领域的交流，使两大古老文明在互通互鉴中交相辉映。中非合作突出人文合作和文化交流，更强调本地化、人性化，凸显中非之间始终平等相待、互相尊重，有力促进中非合作更全面、更具有共同点和可持续性。非洲各国对"一带一路"倡议普遍表示欢迎，高度认同"一带一路"合作理念，认为古代海上丝绸之路已经把中非连在一起，当前中非携手共建"一带一路"，必将为中非互利合作注入新的强劲动力，把中非战略伙伴关系提升至新的水平。非洲是发展中国家最集中的大陆，也是全球最具发展潜力的地区。"一带一路"不仅仅是基础设施建设，它更是通往未来的一条创新之路，借助中非人文交流，使非洲国家增强发展信心，并成为新世界格局中一股主要力量。习近平主席在2018年7月下旬结束对非洲四国的访问时说："中非是休戚与共的命运共同体和合作共赢的利益共同体。"[③] 中非共同推进更加紧密的命运共同体和合作共赢的利益共同体建设，正是构建人类命运共同体的伟大实践。中非关系站在新的历史起点上，"一带一路"将为中非互利合作注入新的强大动力，

---

① 全毅、高军行：《"一带一路"背景下中非经贸合作的定位、进展与前景》，《国际经济合作》2018年第1期，第60页。

② 付长超：《商务部：非洲已成中国对外投资新兴目的地》，人民网，2018年8月28日，http://finance.people.com.cn/n1/2018/0828/c1004 – 30256598.html。

③ 杜尚泽等：《习近平和南非总统出席中南科学家高级别对话会开幕式》，《人民日报》（海外版）2018年7月25日。

20 多亿人携手前进，必将推动实现最大的发展中国家与发展中国家最集中的大陆更为紧密的合作。

结　语

2018 年 11 月，中国政府在上海举行了首届中国国际进口博览会。这是世界上首个以进口为主题的大型国家级博览会，是中国主动开放市场的重大政策宣示和行动。在改革开放 40 周年之际，首届中国国际进口博览会彰显中国进一步开放市场、推动全球贸易与合作的诚意，也是一件全球盛事。来自约 150 个国家和地区的政要、工商界人士及有关国际组织负责人应邀与会，82 个国家、3 个国际组织设立 71 个展台，130 多个国家的 3000 多家企业参展，130 多个国家和地区的 2000 多位代表会聚虹桥国际经贸论坛，[①] 显示出这次博览会对中国和世界而言都是一次双赢的展会，为世界带来更多发展机遇，为构建开放型世界经济注入强劲动力。在贸易保护主义和逆全球化思潮泛起的国际背景下，中国一系列扩大开放的重大举措展现出坚定构建开放型世界经济、携手走互利共赢的开放之路的决心。笔者注意到，不久前国际货币基金组织总裁拉加德称赞中国扩大开放"为当今世界增加了确定性和希望"，表达了国际社会对中国进一步打开开放大门的期许。确实，中国是经济全球化的受益者，也是贡献者。举办中国国际进口博览会意味着中国对外开放打开新局面，不仅将为中国经济高质量发展释放巨大红利，而且让世界搭上了中国经济发展的快车。中国已成全球最大市场之一，进口额约占全球份额的 1/10，连续 9 年稳居全球货物贸易第二大进口国。未来 15 年，中国预计将进口 24 万亿美元商品。依托国际进口博览会，中国正努力让开放成果及早惠及中国企业和人民，及早惠及世界各国企业和人民，特别是为亚非国家融入经济全球化进程提供了难得机遇。

由此可见，在深化改革开放的历史进程中，中国将坚持对外开放的基本国策，打开国门搞建设，通过"一带一路"倡议进一步扩大开放，并与亚非国家

---

① 邢广利：《商务部就习近平主席出席首届中国国际进口博览会开幕式举行中外媒体吹风会》，新华网，2018 年 10 月 29 日，http：//www. xinhuanet. com/photo/2018 - 10/29/c_ 1123631147_ 2. htm。

深化战略伙伴关系，共享发展机遇，共同构建相互尊重、公平正义、合作共赢的新型国际关系和人类命运共同体。

（责任编辑：闵捷）

Opporiunizies, Challenges and Countermeasures for China's Cooperation with Asian and African Counivies under the Background of "The Belt and Road"

Wu Sike

Abstract：The continuous evolving relationship between China and Asian and African countries has brought fundamental changes to both China and the world over the past four decades since the launch of the reform and opening-up policies. In 2013, the Chinese government established "the Belt and Road Initiative", which is a milestone marking China's ambitions of deepening reform and opening-up. Against this background, this thesis focuses on the diplomatic practices by the Chinese government of construction of new international relations and a community of shared future for mankind, which is underpinned by the efforts made by China to strength the strategic partnership of with Arab states and African countries since the launching of the reform and opening-up policies and the BRI.

Keywords：Deepening Reform and Opening-up；The Belt and Road；Arab States；African Countries；Partnership

"一带一路" 背景下中国与埃及产能
合作的主要成就及面临的问题

马晓霖　闫兵

【摘　要】在"一带一路"建设框架下，中国与埃及这两大文明古国在发展战略层面出现许多契合点和相通处，这为两国的产能合作带来了难得的历史机遇。近年来，得益于这些"天时、地利、人和"的要素，中埃产能合作全面开花，成果丰硕，但也遇到一些具体的问题。本文以2017年宁夏卫视《解码一带一路》栏目在埃及实地采访巨石、EETC 500千伏输电线工程、新希望等企业和项目为基础，对中埃产能合作的时代背景和现实意义进行了阐述，分析了两国在产能合作中的独特优势和利益契合之处，并通过对成功案例的解读，总结未来两国继续开展产能合作面临的机遇与挑战。

【关 键 词】一带一路　产能合作　中国　埃及

【作者简介】马晓霖，文化名家暨"四个一批"人才，国家"万人计划"领军人才，国务院特殊津贴专家，浙江外国语学院"西溪学者（杰出人才）"、教授；闫兵，宁夏广播电视台卫视频道《解码一带一路》栏目责任编辑、编导。

埃及是北非大国，也是文明古国。近年来中国和埃及之间的产能合作蓬勃发展。事实上，中埃产能合作已有数十年的历史，埃及所在的中东地区是中国实行改革开放后开展国际合作起步较早的区域之一。早在20世纪70年代末至80年代初，中国便开启了同埃及、伊拉克、阿尔及利亚等国家在建筑领域的产能合作。[①]

---

① 魏敏：《中国与中东国际产能合作的理论与政策分析》，《阿拉伯世界研究》2016年第6期。

近几年，随着中国"一带一路"倡议的提出和落实推进，"产能合作"成为中埃合作的关键词之一，且日益呈现出蒸蒸日上的良好态势。

表1　2012～2018 年埃及重要经济数据一览

单位：%

年份	2012	2013	2014	2015	2016	2017	2018
埃及失业率	12.4	13.0	13.4	12.9	12.7	12.2	10.9
埃及通胀率	8.6	6.9	11.0	11.0	10.2	23.5	20.9
埃及 GDP 增长率	2.2	3.3	2.9	4.4	4.3	4.2	5.3

资料来源：IMF，https：//www.imf.org/external/index.htm。

一　中埃产能合作的时代背景

（一）"一带一路"倡议的提出

2013 年 9 月，中国国家主席习近平在哈萨克斯坦纳扎尔巴耶夫大学发表题为《弘扬人民友谊　共创美好未来》的演讲，首次提出用创新的合作模式，共同建设"丝绸之路经济带"，此为"一带"；同年 10 月，习近平主席在印度尼西亚进行国事访问期间发表重要演讲，提出共建"21 世纪海上丝绸之路"，此为"一路"。至此，以 2013 年 9 月为起点，"一带一路"倡议翻开了世界发展进程新的一页。

"一带一路"着力打造政策沟通、设施联通、贸易畅通、资金融通、民心相通，产能合作是中国推进"五通"和企业"走出去"战略的重要内容。自提出以来，"一带一路"倡议由理念变为行动，由愿景化为现实，促进发展，造福人民，已经在世界范围内取得实际成效，受到广泛的欢迎和响应，其中就有北非大国埃及。

从埃及国内的形势看，2010 年底开始的中东剧变导致西亚北非地区局势动荡，包括埃及在内多国领导人下台。自 2011 年起，埃及先后发生了两次街头革命，经济陷入低谷。目前，埃及面临基础设施落后、经济发展滞后、产能缺口较大等问题。塞西上台之后，制定了很多宏大的经济发展规划，如修建苏伊士运河、打造苏伊士运河走廊经济区以及兴建新首都等，重点项目主要集中于基础设施和能源两大领域。因此，当前埃及积极寻求稳定、谋求发展的渴望与"一带一路"建设相契合。2016年1月，习近平主席在阿盟总部发表讲话时指出："最永恒的是埃及人民崇尚变革、追求自由的伟大精神。今天的埃及承载着传承文明的希望，肩负着探索复兴道路的使命。"①

（二）埃及的独特战略地位

埃及是一个具有多重性质的大国，它是阿拉伯国家、非洲国家、中东国家和发展中国家，同时又是第一个承认新中国并与中国建交的非洲国家和阿拉伯国家。埃及拥有悠久的历史，是世界四大文明发祥地之一。古代丝绸之路曾经把古代中国和古代埃及联系在一起。如今，在"一带一路"版图上，埃及又因其不可替代的战略地位成为重要的节点国家。

埃及位于北非东部，领土还包括苏伊士运河以东、亚洲西南端的西奈半岛。埃及既是亚非之间的陆地交通要冲，也是大西洋与印度洋海上航线的捷径，战略位置十分重要。埃及是中东人口最多的国家，也是非洲第二人口大国，在经济、科技领域长期处于非洲领先地位，埃及在中东和非洲也拥有强大的影响力。由于埃及特殊的地位和作用以及中埃之间特别的友谊史，中埃关系同时牵动着中阿关系、中非关系与南南合作关系。2014年塞西就任埃及总统以来，高度重视对华关系，中埃两国建立了全面战略伙伴关系。

当前，中埃产能合作密切。2015年6月，中埃产能合作工作组代表团访问埃及。双方代表在全面梳理中埃产能合作的互补优势后，初步确定了15个优先项目清单。2015年9月，埃及总统塞西访华，两国政府正式签署《中埃产能合作框架协议》。目前，中埃·泰达苏伊士经贸合作区和中埃500千伏输电线路工程已成为中埃产能合作的品牌项目。

二　中埃产能合作的现实意义

国际产能合作是指两个存在意愿和需要的国家或地区之间进行产能供求跨国

---

① 习近平：《共同开创中阿关系的美好未来》，《人民日报》2016年1月22日。

或跨地区配置的联合行动。产能合作可通过两个渠道进行，既可以通过产品输出方式进行产能位移，也可以通过产业转移的方式进行产能位移。中国提出的产能合作超越了传统的资本输出，它既是商品输出，也是资本输出。但是，国际上主流的产能合作主要指产业转移。[①] 在中国和埃及这两个大国和经济体之间，产能的相互合作既源于各自的现实需要，又符合优势互补的经济原则。

（一）中国的独特优势

1."走出去"战略

坚持对外开放是中国的基本国策，在大量吸引外资的同时，鼓励中国企业"走出去"。尤其是在"一带一路"建设下，无论是从开拓市场空间、优化产业结构，还是从获取经济资源、争取技术来源乃至突破贸易壁垒、打造中国企业的国际品牌等角度来讲，"走出去"都是一种必然选择。

大量优势产能是中国开展对外产能合作的产业基础，完备的产业体系有助于中国立体推进对外产能合作。既有钢铁、水泥、平板玻璃、工程机械、电解铝等传统产业的产能合作，也有多晶硅、光伏电池、风电设备等新兴产业的产能合作，还有对外开展铁路、公路、航空、电网、电信等领域的互联互通。面对埃及基础设施亟待改善的局面，中国企业迅速把握机遇，凭借施工速度快、做大项目的经验和实力等优势，迅速开展合作。埃及 EETC 500 千伏输电线路项目就是一个典型的例子。

2. 投融资平台保障

在目前的国际产能合作过程中，有多种融资方式，如"两优"贷款、商业贷款、股权投资等。作为中国援外优惠贷款和优惠买方信贷，中国进出口银行的"两优"贷款是中国政府给予发展中国家政府的优惠性资金安排，也是国际产能合作中较多采用的融资方式。埃及 EETC 500 千伏输电线路项目则是中埃双方落地执行的首个商业贷款协议，也是中埃产能合作在金融服务领域实现的可喜突破。2016 年，中国人民银行与埃及中央银行就未来 3 年 180 亿元人民币本币互换达成协议。同年，中国国家开发银行向包括埃及中央银行在内的埃及金融机构发放了 14 亿美元贷款，其中向埃及中央银行发放贷款 9 亿美元。这是中国国家

---

① 郭朝先、刘芳、皮思明：《"一带一路"倡议与中国国际产能合作》，《国际展望》2016 年第 3 期。

开发银行首次开展对境外央行大额授信，有利于维护埃及金融市场稳定，便利双边贸易和投资。国家开发银行还与埃及国民银行和埃及银行合作，累计向埃及中小企业发放 2 亿美元贷款，惠及近 200 家埃及企业，促进近 8000 人就业。[①] 2017年 5 月，"一带一路"国际合作高峰论坛期间，中国出口信用保险公司和埃及投资与国际合作部签署了《关于投资促进的谅解备忘录》。中国国家开发银行、进出口银行等与埃及有关机构签署了港口、电力、工业园区等融资合作协议和项目贷款协议，助力中埃产能合作升级。

3. 产能充裕、业态丰富、选择多样

自"一带一路"倡议提出以来，中国与许多国家发展战略实现顺利对接。2014～2016 年，中国同参与"一带一路"建设国家之间的贸易总额超过 3 万亿美元，对参与"一带一路"建设国家的投资累计超过 500 亿美元。据商务部统计，2016 年，中国境内投资者对全球 164 个国家和地区的 7961 家境外企业进行了非金融类直接投资，累计实现投资 1701.1 亿美元，同比增长 44.1%；中国企业对"一带一路"沿线的 49 个国家进行了直接投资，投资金额合计 145.3 亿美元；在"一带一路"沿线国家建立初具规模的合作区 56 个，累计投资 185.5 亿美元，初步形成"一带一路"国际产能合作体系。[②] 中国与埃及的产能合作已经产生了务实成效。除了电力，在交通、住房、经贸合作区等领域，中埃双方都有诸多合作机会。2018 年 3 月，中国建筑集团有限公司承建的埃及新行政首都中央商务区（CBD）项目开工；9 月，中国建筑集团有限公司又分别和埃及投资与国际合作部签署 35 亿美元的埃及新首都中央商务区二期项目总承包合同，和埃及东部油气公司签订了 61 亿美元的埃及苏伊士炼油及石化厂项目总承包商务合同。[③] 埃及新首都距离苏伊士运河经济特区约 6 公里，距离开罗老城区和地中海岸都不远。根据中国住建部和埃及住房部的协议，新首都目前主要做中等收入住房项目，中国的很多开发商可以在其中寻找机会。此外，苏伊士经贸合作区已成为中埃互利合作的一张亮丽名片，也是中方境外产业园区合作的成功范例，已形

---

① 宋爱国：《乘"一带一路"东风　促中埃合作远航》，《学习时报》2017 年 5 月 22 日。
② 王凡：《一带一路产能合作促进国际共享发展》，《中国社会科学报》2017 年 12 月 29 日。
③ 《中国建筑与埃及签订 96 亿美元总承包合同》，中国建筑集团有限公司网站，2018 年 9 月 3 日，http://www.cscec.com.cn/xwzx_ new/gsyw_ new/201809/2888491. html。

成包括石油装备、高低压电器、纺织服装、新型建材和机械制造在内的五大产业园区，多种类型企业可入驻。

此外，中国还具有合作模式灵活多样、性价比高、丰富的海外项目运作经验以及独特的文明交往观等特点，这些都成为中埃产能合作中的突出亮点。

表 2　中国在埃及部分企业

中国远洋海运集团埃及公司	华为技术埃及有限公司
中国石化国际石油勘探开发有限公司埃及公司	安琪酵母（埃及）有限公司
中国西电埃及分公司	科泰电源埃及公司
华晨巴伐利亚汽车公司	牧羊埃及工业股份公司
中国·埃及苏伊士经贸合作区 - 中非泰达工业园区	中国葛洲坝集团股份有限公司埃及分公司
巨石埃及玻璃纤维股份公司	中国路桥工程有限责任公司埃及分公司
新希望埃及片区	中国水电建设集团国际工程有限公司埃及代表处
中国北方工业公司驻埃及代表处	中国建筑集团有限公司埃及分公司
中兴通讯股份有限公司埃及分公司	国家电网—中国电力技术装备有限公司
中国港湾（埃及）工程有限责任公司	中国土木工程集团有限公司

资料来源：作者自行整理而成。

（二）埃及的当下优势

1. 顶层保障

埃及总统塞西求稳定、图发展。塞西在其第一个任期内积极探索经济改革路径，使埃及基本实现了稳定发展；对外开展全方位外交，并着力引进外资和与经济强国开展合作。他极为重视同中国的合作关系，2014 年底访华时，塞西提出，"埃及支持'一带一路'倡议，将竭尽所能与中国一道推动倡议的实施"。[①] 此后两国元首及高层互访频繁。2018 年 4 月，塞西赢得总统连任后，埃及现行的内外政策将总体延续，中埃合作将从现在的协议阶段进入更具成效的实践阶段。[②]

2. 政策导向

在塞西新经济政策的影响下，埃及陆续出台一大批刺激投资与经济发展的法律法规。尤其是 2017 年 5 月埃及公布新《投资法》，从新承诺、新优惠、新制度

---

① 《埃及总统塞西："一带一路"倡议给埃及带来新机遇》，人民网，2014 年 12 月 23 日，http://world.people.com.cn/n/2014/1223/c157278 - 26262563.html。

② 王金岩：《塞西政府的内外政策走向及中埃合作前景》，《当代世界》2018 年第 5 期。

三个方面，为外国投资者提供更有力的投资保障、更优惠的投资激励和更便捷的投资服务。新《投资法》对投资范围、投资机制、外资审查、资本构成、外汇使用、国有化与征用、解决投资争议、刑事社会责任等进行了完善和更新，体现了埃及政府吸引外资和大力改善营商环境的决心和愿望，也为中埃合作打开了新的机遇之窗。新《投资法》规定，公司注册的时间由原来的 40 天缩短为 3 天。

3. 人口红利

埃及是一个人口大国，近几年人口呈现出爆发式的增长，目前已达到 1.045 亿人。埃及约 50% 人口的年龄在 24 周岁以下，劳动力普遍年轻，用工成本低。埃及实行免费教育，国民受教育程度较高，本地专业人才储备丰富，易于实现人才和管理的本地化。同时，如此大的人口基数也带来巨大的国内需求，产品的本地市场消化能力较强。

4. 区位优势

苏伊士运河，北起地中海边的塞得港，南止红海旁的陶菲克港，全长 190 多公里，是亚洲与非洲的分界线，同时也是亚非与欧洲间最直接的水上通道。运河通过地中海和红海连通大西洋和印度洋，紧扼欧、亚、非三大洲交通要冲。这样的运河，在世界上是独一无二的，具有重大的经济意义和战略价值。埃及坐拥苏伊士运河，处于亚、非、欧的路口，交通便利，可以轻松辐射周边市场。

此外，埃及拥有丰富的自然资源，为水电、矿产、油气、光能等领域的产能合作提供了资源基础。

三 中埃产能合作案例

（一）巨石埃及玻璃纤维有限公司

受到埃及地理位置、资源和劳动力等优势的吸引，2012 年，全球最大的玻璃纤维制造商——中国巨石股份有限公司（以下简称"中国巨石"）受邀进驻埃及苏伊士经贸合作区，并成立独资子公司。

至 2018 年，入驻埃及 6 年，中国巨石已经在埃及建成三条大型池窑拉丝生产线，投资总额超 6 亿美元，为当地创造了 2500 个就业岗位，实现年产值超过

2.2 亿美元，累计上缴利税 3 亿埃及镑。[①]

2018 年 8 月，巨石埃及玻璃纤维有限公司（以下简称"巨石埃及"）投资建设的 20 万吨玻璃纤维生产基地投产，成为中国在埃及投资金额最大、技术装备最先进、建设速度最快的工业项目，实现了中国玻璃纤维行业首次向国外的技术输出，也填补了非洲地区玻璃纤维制造业的空白。

巨石埃及的发展也带动了上游物流运输、矿产开发和包装材料制作等产业，以及下游玻璃纤维织物、风力发电等复合材料应用产业的快速发展。

（二）埃及 EETC 500 千伏输电线路项目

2016 年 1 月，国家主席习近平访问埃及期间，中国国家电网公司和埃及电力与新能源部签署了埃及 EETC 500 千伏输电线路项目合同，由国家电网公司下属中国电力技术装备有限公司以 EPC 模式建设该项目，项目投资额约 7.6 亿美元。这是中埃产能合作下首个成功签约项目，也是埃及规模最大、电压等级最高、覆盖范围最广的输电线路工程。该项目位于埃及尼罗河三角洲及以南地区，输电线路总长 1285 公里，建成后将连接 5 座电厂和 10 个变电站。对中国而言，该项目拉动了国内 10 余家制造工厂的生产，带动了国内 6 亿美元以上机电产品的出口和近 2000 人的劳务输出，是"走出去"战略的具体落实和"一带一路"建设下"五通"的具体体现。[②]

（三）新希望埃及有限公司

新希望埃及有限公司是中国农业产业化龙头企业新希望集团在非洲地区的首家分公司，堪称民营企业与现代养殖业"走出去"的典范。新希望埃及有限公司第一家工厂于 2013 年投产，目前，新希望埃及有限公司已经有 4 家饲料工厂，其中 3 家已经投产，第四家工厂和种禽项目正在建设中。根据规划，到 2022 年，新希望埃及有限公司将实现年生产饲料 60 万吨、鸡苗 5000 万只的目标，届时将带动 1500 人就业，并带动上万养殖户脱贫致富。[③]

---

① 《埃及总统塞西："一带一路"倡议给埃及带来新机遇》，人民网，2014 年 12 月 23 日，http://world.people.com.cn/n/2014/1223/c157278 – 26262563.html。

② 《"中国制造"成就埃及史上最大规模电网升级改造》，《光明日报》2017 年 6 月 25 日。

③ 《重塑中国产品形象 新希望打造埃及饲料第一品牌》，《21 世纪经济报道》2018 年 4 月 4 日，第 15 版，http://epaper.21jingji.com/html/2018 – 04/04/content_ 83206.htm。

通过采购新希望的饲料，当地的 FCR（料肉比，即饲养的畜禽增重 1 公斤所消耗的饲料量）已经从 1∶2 变为 1∶1.6，不仅带动了养殖成本的下降，而且惠及普通消费者。目前，新希望埃及有限公司每年上缴利税上千万美元。

四 中埃产能合作前景展望

近年来，中国企业在埃及的国家建设中承接了多个大型建设项目，成为中埃经济合作中的新亮点和重头戏。受埃及方面的邀请，截至目前，中国国家电网、中国建筑、中国中铁等企业都获得了较大规模的建设项目。从整体看，中埃产能合作未来空间广阔，在以下领域也存在较多合作机会。

一是新能源与可再生能源领域。目前，埃及 90% 以上的电力供应来自传统的石油和天然气发电。随着油价的不断攀升，电力成本一直在增加，埃及政府也大幅上调了电价，民众和企业备感压力。2018 年 8 月，埃及《第七日报》报道称，"今年有望成为埃及太阳能强劲发展的一年"。埃及目前正在建设全球最大的太阳能发电场，还将在埃及其他地区普及建设。中国的比亚迪电动巴士也成为埃及历史上首批纯电动巴士。此外，埃及推出农业项目规划，以推动 550 万名农业人口的发展，如太阳能光板灌溉项目、跟随式太阳能电板项目。

二是医疗保健领域。过去埃及的医疗体系主要由政府管控，而在最近 10 多年中，国营医疗机构的服务水平下降一直遭民众诟病。埃及卫生部推出新医院建设计划，也包括使用新技术和最新设备对现有医疗设施进行翻新和整修，特别是在农村等医疗服务水平比较低的地区。同时，私营医疗机构对复杂医疗设备的需求也在增长。加上埃及国内医疗设施几乎全靠进口供应，这对中国医疗器械出口商而言是个难得的机遇。

三是沙漠化改造与粮食生产。长期以来，埃及作为中东和非洲地区的重要发展中国家，其粮食安全问题从 20 世纪 70 年代起一直延续至今。曾经的"尼罗河粮仓"现已变成了粮食净进口国，粮食问题变得越发严峻。总体而言，埃及的自然环境条件恶劣、政府经济政策偏差、过度城市化和农业科技发展水平低是造成目前埃及的粮食安全问题的主要因素。[1] 埃及要完成 150 万费丹（1 费丹约合 4200 平

---

① 张帅：《埃及粮食安全：困境与归因》，《西亚非洲》2018 年第 3 期。

方米）的土地改良计划，以缓解其粮食供应紧张的问题。毋庸置疑，在这一过程中，先进的科学技术是其摆脱自然约束、满足人民粮食需求的重要保证，这在农业强国以色列的发展中得到了证实，但对埃及来说还任重而道远。而这也恰恰给中国的企业带来机会，中国先进的农业技术与设备、粮食仓储和安全企业可以填补埃及的市场空白。2013 年落户中埃·泰达苏伊士经贸合作区的牧羊集团在埃及建设生产基地，总投资 7000 多万美元，上马了专门生产粮食仓储钢板和饲料机械设备的生产线。

四是重点项目开发。根据埃及贸工部 2017 年发布的投资地图，埃及全国有 100 多个工业区有待投资开发。其中，苏伊士运河经济特区和新首都是埃及当前经济建设的重点，在埃及的经济发展中占据非常重要的地位。该区域内的政策和建设环境正在逐步改善，将为外国合作者提供更多便利，中国企业与埃方在上述两个区域的合作将更加顺畅。

此外，埃及急剧增长的人口和不断加快的城市化进程拉动了房地产等行业的迅速发展。同时，在教育领域，一些大学城项目也希望与中国知名院校对接并开展合作办学，其中也不乏产能合作的机会。

五　中埃产能合作面临的问题

尽管中埃合作前景广阔，埃及投资环境逐步改善，但鉴于埃及国内多方面情况仍不稳定，中国企业在埃及投资兴业时应对以下问题加以注意，以使双方的合作顺利开展，避免损失。

一是恐怖主义袭击和安全风险。恐怖袭击风险主要潜伏在北部和西部非洲。在埃及活动的恐怖组织中危害较大的是"伊斯兰国"武装西奈分支，2016 年底以来该恐怖团伙已策划多起大型恐怖袭击活动，造成数百人伤亡。埃及政府不得不在 2017 年 4 月宣布在全国范围内实行为期 3 个月的紧急状态，并在 2017 年 7 月和 10 月两次延长。

二是埃及政局动荡。国际合作经验表明，一个国家吸引外资的多少与该国投资环境和投资政策密切相关。而埃及在政局稳定、政策连续性方面存在不稳定性。在塞西第一任期内，中国与埃及在多个领域签署的多项合作协议因埃及的经济能力不足、项目所需资金未能落实等尚未实施。当前，塞西采取各种措施从多国引进投资，使得资金问题得到一定程度的解决，但情况依然没有完全稳定。而政府与穆兄会的持续对峙，民族和解进程尚未启动，政治局势的深层和长期稳定性缺乏保障，给双边贸易、直接投资、工程承包等带来了风险，尤其是对石油和天然气工业设施的安全造成威胁。

三是营商环境有待优化。虽然新《投资法》出台，但很多措施能否真正兑现仍待观察。埃及的税费制度不稳定，随时可能调价，企业或临时被通知须缴纳某项税费，或面临某项标准检查。另外，政府各部门之间的协调不够通畅也是一个长期存在的问题。

四是政府债务风险。根据埃及《每日新闻》2018 年 8 月的报道，非洲开发银行（AfDB）发布的埃及经济展望报告指出，债务问题依然是埃及经济发展的主要制约因素。在过去 6 年中，埃及积累了大量债务，其中主要是国内债务。报告指出，埃及债务与 GDP 的比例从 2011/2012 财年的 65% 增加到 2016/2017 财年的 91.1%。截至 2017 年 3 月底，政府债务总额（国内和国外）增加至 GDP 的 106%。一方面，国内预算部门债务增加至 GDP 的 89%；另一方面，截至 2017 年 6 月底，外债存量（政府和非政府债务）增加至 790 亿美元（占 GDP 的 41%），其中政府外债增加至 GDP 的 18%，而 2016 年 6 月底该比例为 8%。信用评级机构穆迪的研究称，新兴经济体债务期限较短、财政规模较小，难以应对不断上升的债务成本，在遇到全球金融状况趋紧的情况时，将表现得最为脆弱。穆迪指出，埃及、巴林、巴基斯坦、黎巴嫩和蒙古国是债务风险最高的 5 个国家，而斯里兰卡和约旦也将受到利率带来的冲击。未来中国与埃及开展经济合作时应先对其实际经济能力进行充分评估。

五是埃及人的就业观念与职业精神有待改善。埃及虽然拥有人口红利，但是当地员工的思想观念比较落后，加之长期以来形成的就业观念，不少埃及工人不适应企业的正规管理，纪律意识淡薄，时常无故旷工，一些在中国行之有效的管理方式在埃及难以奏效。埃及新《投资法》虽然提高了外籍工人比例的上限，但是不少中国企业仍然面临用工困境。因为埃及产业工人较少，专业人才难觅，尤其是合格工程师及熟练工人招聘困难，埃及员工生产效率低，培训成本高。[①]这也是中国企业赴埃时面对的问题之一。

---

① 余莉、姚桂梅：《中埃苏伊士经贸合作区：背景、成效、发展机遇》，《国际经济合作》2018 年第 7 期。

结　语

　　鉴以往可以知未来。中埃两国产能合作现已取得的进展有力说明，"一带一路"建设在埃及的推进，不仅具备良好的基础条件，而且具有广阔的发展前景。未来中埃可在许多方面继续致力于实现优势互补和产业对接，充分挖掘在经贸投资、能源电力、铁路交通、港口物流、航天科技等领域的巨大合作潜力，同时继续加强战略协作与政策沟通，并夯实两国合作的民意与人文根基，推动中埃全面战略伙伴关系在"一带一路"框架下收获更多成果。

　　中国和埃及有千年交往、文明对话的历史积淀，有共迎挑战、合作发展的友谊传承，在"一带一路"建设下，中国和埃及也将密切合作，为实现"中国梦"和"埃及梦"、为实现古老大国的复兴而努力奋斗。

（责任编辑：王畅）

"The Belt and Road Initiative" and China-Egypt Cooperation on Production Capacity: Outcome and Problem Research

Ma Xiaolin , Yan Bing

Abstract：China and Egypt, the two great countries with ancient civilization, share the common ground and similar points at the level of development strategy under the framework of "the Belt and Road Initiative". This has brought rare historical opportunities for the cooperation on production capacity between the two countries. In recent years, thanks to the elements of "time, place, and people", the cooperation between China and Egypt has been fully blossomed and fruitful. However, there are also some specific problems. The column "Decode the Belt and Road Initiative" in 2017 Ningxia satellite television interviewed enterprises and projects such as Jushi, EETC 500 KV transmission line project and New Hope in Egypt, based on which this paper expounds the background and practical significance of China-Egypt cooperation on production capacity and analyzes the unique advantages and interests of the two countries in this area. Furthermore, through the interpretation of successful cases, this paper summarizes the opportunities and challenges that the two countries will continue to carry out the cooperation on production capacity in the future.

Keywords：The Belt and Road Initiative；Cooperation on Production Capacity；China；Egypt

"一带一路"背景下中国与以色列的
人文交流

郭白歌

【摘　　要】中华民族与犹太民族的交往始于丝绸之路。中以建交后两国关系迅速发展，随着"一带一路"倡议的提出和以色列战略的调整，中以人文交流迎来了新契机。中以教育合作与学术交流达到了新高度，文化交流达到了新水平，人员往来更加密切。中以人文交流有助于"一带一路"建设在沿线国家的推进，将推动中国在中东问题上发挥更加有效的作用。随着中以两国关系的升级和经济合作水平的提高，中犹友谊奠定的情感基础将在未来中以关系中进一步发挥重要作用，未来两国人文交流前景广阔。

【关 键 词】中国　以色列　人文交流　教育合作

【作者简介】郭白歌，博士，社会科学文献出版社国别区域分社社长助理、编辑，主要研究方向为犹太－中东史、犹太教、以色列社会。

中华民族和犹太民族都有着悠久的历史和灿烂的文化，都对世界文明发展做出了不小的贡献。两大民族之间的交往始于丝绸之路，两个民族在历史上都遭受了深重的灾难并通过自身的顽强努力迈上了民族复兴的道路，有深厚的情感基础。中以建交为两国的人文交流创造了前提，两国在文化、教育、旅游等领域的交流逐渐增多。随着"一带一路"倡议的提出和以色列中东战略的调整，中以人文交流迎来了新契机，教育合作与学术交流达到了新高度，文化交流达到了新水平，人员往来更加密切。中以人文交流具有深远的意义，有助于"一带一路"建设在沿线国家的推进，推动中国在中东问题上发挥更加有效的作用。中以人文交流有着深厚的历史基础和情感基础，随着中以两国关系的升级和经济合作水平的提高，未来两国人文交流空间与前景广阔。

一　"一带一路"倡议为中以人文交流提供了新契机

随着"一带一路"倡议的提出和"一带一路"建设的推进，以及以色列中东战略的调整，中以两国对于彼此的重要性进一步凸显，两国关系得以迅速提升，两国的人文交流也迎来新契机。

（一）"一带一路"倡议的提出及中以高层往来

2013 年 9 月和 10 月，中国国家主席习近平在出访中亚和东南亚国家期间，先后提出共建"丝绸之路经济带"和"21 世纪海上丝绸之路"（以下简称"一带一路"）的重大倡议，得到国际社会高度关注。[①] 2015 年 3 月 28 日，国家发展改革委、外交部、商务部联合发布了《推动共建丝绸之路经济带和 21 世纪海上丝绸之路的愿景与行动》，指出"民心相通是'一带一路'建设的社会根基。传承和弘扬丝绸之路友好合作精神，广泛开展文化交流、学术往来、人才交流合作、媒体合作、青年和妇女交往、志愿者服务等，为深化双多边合作奠定坚实的民意基础"。[②] "一带一路"在推进基础设施建设、加强产能合作与发展战略对接的同时，也将"民心相通"作为工作重心之一。"一带一路"建设"为相关国家的民众加强交流、增进理解搭起了新的桥梁，为不同文化和文明加强对话、交流互鉴织就了新的纽带，推动各国相互理解、相互尊重、相互信任"。[③]

随着"一带一路"建设的推进，作为"一带一路"沿线的重要节点国家，以色列"三洲五海之地"的区位重要性更加凸显。"一带一路"倡议提出后，几乎每年都有一位中国高层领导人访问以色列，以色列的总统、总理以及多名部长

---

① 《推动共建丝绸之路经济带和 21 世纪海上丝绸之路的愿景与行动》，新华网，2015 年 3 月 28 日，http：//www. xinhuanet. com/world/2015 - 03/28/c_ 1114793986. htm。

② 《推动共建丝绸之路经济带和 21 世纪海上丝绸之路的愿景与行动》，新华网，2015 年 3 月 28 日，http：//www. xinhuanet. com/world/2015 - 03/28/c_ 1114793986. htm。

③ 陈积敏：《正确认识"一带一路"》，人民网，2018 年 2 月 26 日，http：//theory. people. com. cn/n1/2018/0226/c40531 - 29834263. html。

也对中国进行了访问。2014 年，刘延东副总理访问以色列，以色列总统佩雷斯以及旅游部长、社会事务与服务部长、教育部长、经济部长访华。2015 年，汪洋副总理访问以色列，以色列外长、总检察长、副总理兼内政部长访华。2016年，刘延东副总理再次访问以色列，以色列议长、能源部长访华。① 2017 年 3 月 19～22 日，应国务院总理李克强的邀请，以色列总理内塔尼亚胡对中国进行了正式访问，习近平主席、李克强总理、张德江委员长、刘延东副总理分别会见了内塔尼亚胡总理，中以双方宣布建立创新全面伙伴关系。2018 年 10 月 22～25 日，应以色列总理内塔尼亚胡邀请，中国国家副主席王岐山访问以色列，在耶路撒冷分别会见了内塔尼亚胡总理和里夫林总统，并与内塔尼亚胡共同主持了中以创新合作联委会第四次会议。② 如此频繁的高层互访在中国和以色列各自的对外交往史上并不多见。高层领导及多领域代表团之间的互访交流不断，促进了多项合作协议的签订，也为中以人文交流提供了新契机。

（二）以色列中东战略的调整及与"一带一路"倡议的对接

近年来，以色列调整其中东战略，主要内容是：通过建设海洋强国和东西两翼齐飞战略构想，构建东地中海经济圈和红海—海湾国际经济走廊，重塑中东地缘经济，争取从外围打破巴以、叙以和平进程僵局。以色列中东战略调整与"一带一路"倡议在通过发展促进和平、基础设施互联互通、互利共赢共同发展上有共通之处。③

以色列是"一带一路"沿线重要国家，也是"一带一路"倡议的欢迎者和支持者。2015 年 3 月 31 日，以色列总理内塔尼亚胡正式签署了以创始成员身份加入亚投行的申请。以色列外交部在一份声明中说，以色列意识到了加入这样一个亚洲国家间组织的重要性，因而由外交部发起了申请加入亚投行的程序。④ 以色列交通部长卡茨在接受中华全国新闻工作者协会（简称"中国记协"）组织的

① 王金岩：《新时期中国与以色列的合作关系》，《当代世界》2017 年第 2 期。
② 《王岐山访问以色列》，新华网，2018 年 10 月 25 日，http：//www. xinhuanet. com/2018 － 10/25/c_ 1123615009. htm。
③ 毕健康：《以色列中东战略调整与"一带一路"倡议下的中以合作》，《当代世界》2018 年第 12 期。
④ 《以色列宣布申请加入亚投行"朋友圈"扩员至 50 国》，环球网，2015 年 4 月 1 日，http：// world. huanqiu. com/exclusive/2015 －04/6069965. html？ agt = 15438。

"一带一路"主题采访团的采访时表示，中国对以色列来说是一个很重要的国家，以色列愿积极接入"一带一路"，成为其中的一个枢纽。卡茨指出，以色列位于亚洲、非洲和欧洲的连接处，地理位置十分重要，可以很好地与"一带一路"建设相结合。近年来，以中两国在道路交通等基础设施建设上的合作日益密切。他举例说，以色列正在建设的阿什杜德新港及特拉维夫第一条地铁线路——红线轻轨，就是由中国企业承建的。2015 年，上海国际港务集团获得了以色列北部海法港的 25 年运营权。这些项目都标志着以色列已经真正加入"一带一路"建设。①

二　"一带一路"建设助推中以人文交流

近年来，中以在教育、创新合作及文化交流领域签署了一系列协议。2015 年 1 月，中以双方签署了《中华人民共和国教育部和以色列高等教育委员会关于组建 7 + 7 研究性大学联盟的联合声明》《中国国家留学基金管理委员会与以色列高等教育委员会合作协议》《中华人民共和国政府文化合作协定 2015 年至 2019 年执行计划》，为双方学生和教师的交流与合作提供了必要的指导和保障。2016 年 3 月，中以双方签署了《中华人民共和国教育部与以色列国高等教育委员会高等教育合作谅解备忘录》。2018 年 10 月 24 日，内塔尼亚胡和王岐山在以色列外交部共同主持了中以创新合作联委会第四次会议，签署了科学技术、生命科学、创新、数字健康和农业领域的 8 项联合协议，包括《中以创新合作行动计划（2018～2021）》。这些协议的签署进一步助推了中以人文、经济交流。

（一）教育合作及学术交流进一步深化

随着中国学者对中东和以色列研究的深入，以及以色列对中国重要性认识的不断加强，中以在高校层面的接触与合作有了飞跃式发展。

1. 高等教育合作达到新的高度

2014 年 5 月，以色列第二所孔子学院——希伯来大学孔子学院正式揭牌，

---

① 王水平：《"一带一路"倡议惠及整个中东》，《光明日报》2017 年 5 月 9 日，第 10 版，http：//epaper.gmw.cn/gmrb/html/2017 - 05/09/nw. D110000gmrb_ 20170509_ 1 - 10. htm。

标志着中以两国教育交流与合作进入了新阶段。2014 年 5 月 20 日，清华大学和特拉维夫大学签署《清华大学与特拉维夫大学创新中心协议》，该创新中心以清华大学为主体，在特拉维夫大学设立分中心，并在两所学校同时建设交叉学科实验室。该创新中心"旨在推动大学间深度交流，打破传统的学科界限，在全球范围内探索创新的新模式"。[①] 2016 年，清华大学与特拉维夫大学签署关于全面深化创新创业教育与研究合作协议，[②] 以及进一步发展清华大学交叉创新中心和现有纳米技术研发合作项目的协议。

2016 年，海法大学计划与华东师范大学建立一个联合实验室，专门开展生态学、大数据、生物医学和神经生物学研究。2018 年，"华东师范大学—海法大学转化科学与技术联合研究院"入驻闵行紫竹国际教育园区，以色列驻沪总领事普若璞在入驻仪式上表示，"这是中以两国合作交流史上的盛事"。2016 年，北京大学与特拉维夫大学签署协议，共同建立食品安全中心；北京大学与希伯来大学签署谅解备忘录，促进直接的学术交流；南京大学、特拉维夫大学、本·古里安大学共同签署关于建立中以犹太研究院（Sino-Israel School of Jewish Studies）的谅解备忘录；山东大学和中国农业大学分别与希伯来大学签署学生交换协议；山东大学与巴伊兰大学签署学术合作框架协议；吉林大学与本·古里安大学签署合作谅解备忘录；华东师范大学与海法大学签订协议共建转化科学与技术联合研究院（ECNU-UH Joint Translational Science & Technology Research Institute）。[③]

2017 年 8 月 13 日，广东以色列理工学院首届新生入学。广东以色列理工学院于 2015 年 4 月 9 日正式获得教育部批准筹设，位于广东省汕头市，由以色列理工学院与广东汕头大学合作举办，是中国第一所引进以色列优质高等教育资源的具有独立法人资格的中外合作大学。2018 年 11 月，入选广东省新一轮高水平大学建设计划中的"高水平大学重点学科建设高校"。广东以色列理工学院的成立标志着中以教育合作达到了新的高度。

---

① 《清华大学与特拉维夫大学联合建立交叉创新中心》，新华网，2014 年 5 月 21 日，http://www. xinhuanet. com/world/2014–05/21/c_ 1110788225. htm。

② 《清华大学和特拉维夫大学签署全面深化合作协议》，中华人民共和国驻以色列大使馆经济商务参赞处官网，2016 年 4 月 14 日，http://il. mofcom. gov. cn/article/zxhz/sbmy/201604/20160401296238. shtml。

③ 〔以〕魏凯丽（Carice Witte）、〔以〕耶胡达（Yehudah Sunshine）：《2016 年中国与以色列的关系》，载张倩红主编《以色列发展报告（2017）》，社会科学文献出版社，2017，第 296 页。

2. 中国的"以色列热"及以色列的"中国热"

自中以两国建交尤其是"一带一路"倡议提出以来，中国高校中兴起了"以色列热"，以色列研究在中国得到了长足的发展。2014 年 11 月，中国教育部发出函件成立中国犹太文化研究联盟，由南京大学、北京大学、北京外国语大学、上海外国语大学、中国传媒大学、山东大学、对外经济贸易大学、四川外国语大学和河南大学组成，旨在打造国内高校高水平研究以色列和犹太文化联盟。

一些以色列研究机构相继建立。2013 年 12 月 24 日，四川省社会科学院以色列研究中心成立；2014 年，西北大学以色列研究中心成立；2017 年 7 月 7 日，电子科技大学以色列研究中心正式成立。

以色列研究不断推出新成果。例如上海犹太人研究取得新成果，2017 年 12 月，在上海图书馆举行国家社会科学基金重大项目"来华犹太难民研究"最终成果发布会暨《来华犹太难民研究（1933—1945）：史述、理论、模式》首发式。上海犹太研究中心团队在潘光教授的领导下从 20 世纪 80 年代开始进行来华犹太难民研究，并推出了一系列成果。2010 年底，"来华犹太难民研究（1933—1945）"被正式确立为国家社会科学基金重大项目。2015 年，研究团队推出阶段性成果《艰苦岁月的难忘记忆——来华犹太难民回忆录》。2017 年 8 月 13 日，又推出阶段性成果《来华犹太难民资料档案精编》4 卷。2017 年 12 月推出的《来华犹太难民研究》是该项目的最终核心成果，也是上海交通大学出版社"犹太难民与中国"出版工程的重要著作。① "南京大学犹太文化研究所文丛"自2009 年至 2018 年 2 月共推出 18 本书，其中 2013～2018 年出版 11 本书，2017年推出的译著《为什么是以色列》是一本优秀而通俗的以色列百科全书，阐述了政治争端、文化冲突和普通人的伦理困境，还原出一个立体的犹太民族国家。该书推出后不断加印，印数已达 18500 册，这表明不仅是以色列学者对以色列的研究热情提高了，而且大众了解以色列的热情也在不断提高。张倩红教授带领的由河南大学以色列研究中心及郑州大学的相关师生组成的团队研创的"以色列蓝皮书"至 2018 年已推出 4 本，每年就以色列经济、社会、创新、中

---

① 《〈来华犹太难民研究〉首发》，搜狐网，2017 年 12 月 15 日，http://www.sohu.com/a/210632452_119707。

以关系等发布最新报告，受到国内外学者及媒体的关注。其他研究机构也纷纷推出新成果。此外，成立于 2011 年、由魏凯丽（Carice Witte）发起的中以学术交流促进协会与中国多所高校在人才培养方面建立合作关系，并设立以色列主题的论文奖，以共同推动中国的以色列研究项目。中以学术交流促进协会先后在四川外国语大学、河南大学、中国石油大学（北京）、石河子大学、上海外国语大学、云南大学、北京语言大学、外交学院、西北大学、南开大学等高校支持以色列研究项目，派遣以色列学者来华讲座或参加学术会议，为赴以色列学习的中国留学生提供资助。这些交流与合作有力地促进了中以两国学术领域的合作。①

随着中以教育合作的加强，以色列"汉语热"和"中国热"逐渐升温。目前以色列共有 9 所得到高等教育委员会承认及监督的大学，其中 4 所大学正式开设汉语或与中国相关的专业，分别是希伯来大学、特拉维夫大学、海法大学和巴伊兰大学。以色列理工学院开设了中国历史和文化方面的公选课和语言选修课。2009 年，汉语正式被以色列教育部纳入中小学教育体系，目前以色列境内为学生提供汉语学习机会的中小学校已经超过 100 所，仅在特拉维夫地区就有 40 多所中小学校开设了汉语相关课程。除主修和辅修课程外，很多中小学校还开设了汉语兴趣班。② 相关问卷调查显示，学生选择汉语和与中国相关的专业的原因主要有两个：一是中国的发展日新月异，想和中国做生意；二是对中国文化感兴趣。调查还显示，近一半学生表达了投身中国市场的意向，这表明现阶段以色列学生选择学习汉语基本上是以职业为导向。以色列的"汉语热"与"一带一路"建设的推进以及中以经济合作日益加强密不可分。目前，以色列高校中人文学科发展普遍不景气，东亚系却一枝独秀，从注册学生数量上看已经成为人文学部第二大系，仅次于中东学系。③ 近年来，随着两国关系的快速发展，越来越多的私立汉语培训机构涌现，为想学习汉语的人提供了更为灵活的选择。中国联盟、亚洲研究所、比尔利兹等以色列教育机构都开设了汉语启蒙课程。从耶路撒冷、特

---

① 艾仁贵：《丝路战略下的中以两国人文外交分析》，载张倩红主编《以色列发展报告（2015）》，社会科学文献出版社，2015，第 294～295 页。

② 王宇、杨依然、向洋：《以色列汉语教学的发展状况及面临的问题》，载张倩红主编《以色列发展报告（2018）》，社会科学文献出版社，2018，第 158、165 页。

③ 参见王宇、杨依然、向洋《以色列汉语教学的发展状况及面临的问题》，第 166～167 页。

拉维夫、海法、贝尔谢巴等大城市，到中部的卡法萨巴等中小城市，都有这些机构的分部。利用互联网和移动 App 普及汉语教育，具有便携性、灵活性和趣味性等特点，是传统课堂教学的有益补充。[①]

（二）文化交流进一步深入

随着"一带一路"建设的推进和中以关系的发展，新的文化交流平台相继建立，为中以文化交流提供了便利。中以文化交流增添了新形式，内涵更加深入。

1. 文化中心为中以文化交流提供了新的平台

以色列商会在以色列社会经济结构和对外贸易中担任重要角色，在维护企业权益、中介、研究和提供会员服务等方面发挥重要的作用。深化与以色列商会的交流机制，是建设成熟的中以两国政府间经济技术合作机制的有力抓手，也能有效助推其他领域的合作。2015 年 6 月 28 日，以色列商务与文化中心（Israeli Business & Culture Center）在北京市 798 艺术区成立。以色列商务与文化中心的功能是为以色列商业和文化提供在中国展示与交流的平台，为所有想要进入中国市场的以色列商人、以色列企业提供服务并提供办公场所和设施，也欢迎中国朋友通过商业、文化、艺术的视角全面认识和了解以色列这个创新与创业的国度。以色列商会在北京建立以色列商务与文化中心表明，以色列对发展与中国经贸和文化交往的兴趣在不断增强。[②]

2017 年 11 月 26 日，特拉维夫中国文化中心在以色列海滨城市特拉维夫举行揭牌仪式，这是中国在海外设立的第 35 个文化中心，也是中东地区继埃及之后的第二个中国文化中心。该中心是中国政府在以色列设立的官方文化机构，致力于传播中国优秀文化，促进中以文化交流与合作。中国文化部副部长张旭在致辞中指出："自建交以来，两国关系长足发展，政治交往频繁密切，务实合作方兴未艾，人文往来热络活跃，学习汉语在以色列蔚然成风……'一带一路'倡议的愿景之一就是实现民心相通，而文化交流在消除隔阂、增进了解、促进文明

---

① 王宇、杨依然、向洋：《以色列汉语教学的发展状况及面临的问题》，第 169 页。

② 章波：《2015 年中以经贸往来与人文交流》，载张倩红主编《以色列发展报告（2016）》，社会科学文献出版社，2016，第 309 页。

对话等方面起到独特而无可替代的作用。"该文化中心除了举办各种演出、展览活动外，还可以举办各种培训活动、思想对话，"通过各种活动传播中国文化，加强中国和以色列人民之间的思想交流，加强两国之间的相互了解、理解，通过文化促进各方面的全方位的交流与合作"。①

2. 文化交流形式更加多样，内涵更加丰富

文化交流内涵更加丰富。2015 年是中国人民抗日战争暨世界反法西斯战争胜利 70 周年，中华民族与犹太民族在这场战争中守望互助、患难与共，结下了深厚友谊。2015 年 8 月 26 日，上海犹太难民纪念馆展陈改造暨新建纪念设施开放仪式在上海虹口区举行。以色列驻沪总领事馆专门拍摄的《感谢上海》视频短片在仪式上首发，片中不同阶层的以色列人以不同方式表达了对上海接纳犹太难民的真诚感谢。以色列总理内塔尼亚胡在片尾说："我们永远感谢你们，永远不会忘记这段历史，谢谢！"2015 年 11 月 16 日，上海广播电视台电视新闻中心历时 8 个月拍摄的纪录片《生命的记忆——犹太人在上海》在美国纽约犹太会堂举行首映式，这也是"犹太难民与上海"图片全球巡展纽约站的开幕式。中国驻纽约总领事章启月表示，该活动也是世界反法西斯战争胜利 70 周年纪念的重要部分。② 2015 年，中以经贸往来与人文交流对外友好协会和以色列驻成都总领事馆联合举办的《中国人眼中的以色列》摄影展巡展在成都开幕。以色列驻成都总领事馆希望通过此次摄影展与中国西南地区的观众共享中国人视角下的以色列。同时，通过中国人的视角，让更多的中国人看到以色列、了解以色列。③

媒体互动助推中以文化交流。2017 年 1 月 24 日，中国驻以色列大使馆在以色列发行量最大的英文报纸《耶路撒冷邮报》刊登中以建交 25 周年专刊，驻以色列大使詹永新发表题为《中以关系：迈向更加辉煌的明天》的署名文章，当地唯一的中文媒体《以色列时报》也刊登了该文。2018 年 10 月 19 日，中国驻以色列使馆同《耶路撒冷邮报》合作发行中以关系专刊。驻以色列大使詹永新、

---

①　《中东地区第二个中国文化中心在以色列揭牌》，中国日报网，2017 年 11 月 27 日，http：//baijiahao. baidu. com/s？id = 1585181532945511632&wfr = spider&for = pc。

②　章波：《2015 年中以经贸往来与人文交流》，第 307 页。

③　章波：《2015 年中以经贸往来与人文交流》，第 309 页。

以色列总统里夫林为专刊撰写卷首语。詹大使在卷首语中表示，中国和以色列地处亚洲大陆两端，但中华民族和犹太民族作为世界上两个古老而伟大的民族，友好交往已逾千年。建交以来，中以关系不断迈上新台阶。特别是在 2017 年，内塔尼亚胡总理访华，与习近平主席共同宣布建立中以创新全面伙伴关系，揭开了两国友好合作深入发展的新篇章。里夫林总统在卷首语中表示，犹太民族和中华民族的友好交往历史悠久，犹太人民永远不会忘记第二次世界大战期间中国人民提供的庇护。两国建交以来，双边各领域合作交流不断发展壮大，这符合两国的根本利益。中以两国都有相似的国家情怀，中国有"中国梦"，以色列有"以色列希望"，相信只要两国携手合作，一定能共同开辟更加广阔的前景。[①] 2018 年 11 月 24 日，《环球时报》与以色列驻华大使馆联合推出庆祝以色列独立 70 周年专刊《发现以色列》，称中以之间有天然的合作关系。受"一带一路"引领、中以双边关系稳定发展和以色列对外资吸引力增强等多重利好因素影响，中国与以色列在政治、经贸、科技、教育等领域的合作日益密切。[②] 以色列驻华大使何泽伟接受《环球时报》专访时说："从以色列回来的每个中国人都是比我更好的大使。"两个悠久的文明拥有相似的价值观，"虽然以中两国在大小和地理上都有所不同，但中国人和犹太人都是悠久文明的后代，都有重视教育、家庭、传统和追求卓越的价值观……随着越来越多的以色列人和中国人在对方国家旅游、投资和学习，两国关系将会日益紧密"。[③]

（三）人员往来更加便利

随着中国人对以色列了解的加深，再加上以色列拥有丰富的宗教圣地和自然景观，越来越多的中国人到以色列旅游。中以两国早在 1994 年 6 月就签署了旅游合作协定，前往中国的以色列游客逐年增多。2007 年 10 月，两国签署《中国旅游团队赴以色列旅游实施方案的谅解备忘录》，确定中国公民可自费组团赴以

---

① 《驻以色列使馆同当地主流媒体合作发行中以关系专刊》，搜狐网，2018 年 10 月 19 日，http：//www.sohu.com/a/260451972_737325。

② 白云怡：《中以之间有天然的合作关系》，《环球时报》与以色列驻华大使馆庆祝以色列独立 70 周年专刊《发现以色列》，2018 年 11 月 24 日。

③ 范凌志：《从以色列回来的每个中国人都是大使——以色列驻华大使何泽伟接受本报专访》，《环球时报》与以色列驻华大使馆庆祝以色列独立 70 周年专刊《发现以色列》，2018 年 11 月 24 日。

旅游。2014年，中国赴以游客数量达到3.87万人次，同比增长超过30%。从2015年开始，中国赴以团组签证的出签时间由原来的10个工作日缩短为5个工作日。① 2016年3月，中以双方签署了《中华人民共和国政府和以色列国家政府为对方商务、旅游、探亲人员互发多次签证的协定》。根据协议，以色列将为以商务或旅游为目的的中国公民颁发10年多次往返签证，中国也将给予以色列公民同等待遇，每次停留期不超过90天。在此之前，以色列从来没有与任何一个国家签署过类似的"如此友好"的签证合作协议，② 以色列也由此成为除美国和加拿大外第三个与中国签订此类协议的国家。③

旅游能有效促进民间交流，目前中国每年有11万人次赴以色列旅游。以色列国家旅游部的目标是，未来4年，使中国赴以色列的游客达到40万人次。为吸引中国人赴以色列旅游，2018年以色列在北京、上海和广州开设了3个新的签证中心，还推出了签证快速通道，申请者可以在24小时内获得10年签证。以色列采取多种措施，提高中国游客的旅游便利性。中国和以色列每周有13个直飞航班，其中每周北京有6个航班、上海有3个航班、成都有2个航班、广州有2个航班。一些酒店提供中餐，国家旅游部培训中文导游，甚至提供中文旅游指南。④

三　中以人文交流的深远意义及未来前景

中以人文交流在"一带一路"建设的推动下，取得了丰硕的成果。教育合作达到新高度，学术交流和文化交流进一步深入，人员往来更加密切。透过形式多样、丰富多彩的中以人文交流，可以清晰地看到中以人文交流具有深远的意义。

---

① 《与以色列在"一带一路"战略下的角色与功能定位》，中以商务网，2017年12月11日，http：//www.zhongyibiz.com/web/articles/6707.html。

② 王金岩：《新时期中国与以色列的合作关系》，《中国与世界》2017年第2期。

③ 《以色列在"一带一路"战略下的角色与功能定位》，中以商务网，2017年12月11日，http：//www.zhongyibiz.com/web/articles/6707.html。

④ 范凌志：《从以色列回来的每个中国人都是大使——以色列驻华大使何泽伟接受本报专访》，《环球时报》与以色列驻华大使馆庆祝以色列独立70周年专刊《发现以色列》，2018年11月24日。

（一）中以人文交流的深远意义

中以人文交流的深入有助于民心相通，是建立中以创新全面伙伴关系的重要路径，也是"一带一路"建设的应有内容。以色列学者、以色列中国媒体中心创始人亚历山大·B. 佩夫兹纳（Alexander B. Pevzner）在《耶路撒冷邮报》撰文指出，在 2018 年中以建交 26 周年之际，中以关系的巨大潜力是显而易见的。他认为，当前中以关系已经进入了新时代，中以创新全面伙伴关系更加深入和丰富多样。① 以色列位于欧洲和亚洲之间，也位于中东和非洲之间，因此它在"一带一路"建设中的地位是显而易见的。此外，以色列不仅处在中国遥远贸易路线的交叉点上，而且在动荡的中东能够保持相对稳定。中国重视以色列具有的优势。"一带一路"建设是以色列在贸易和经济领域增强其全球影响力、提升其地缘政治重要性的绝佳机会。② 中以在"一带一路"倡议框架下合作的加强及人文交流的深入将在"一带一路"沿线国家起到示范作用，有助于"一带一路"建设在沿线国家的推进。

中以人文交流或将推动以色列在中美关系中发挥更加积极的作用。中国学者田文林表示，以色列在与美国保持"铁杆盟友"关系的同时，也注重发展同其他大国及重要经济体的关系。以色列同包括中国在内的其他大国处理好关系，有助于优化其外部环境，同时对其经济发展、产品出口亦大有裨益。③

中以人文交流的深入有助于中国在中东地区发挥更加有效的作用。阿以问题是中东核心问题之一，受历史因素的影响，中国与阿拉伯国家一直保持着友好关系，而中阿关系在历史上也一直是影响中以关系的重要因素。中以人文交流的深入有助于中以两国的相互理解。中国与以色列和阿拉伯世界都保持着良好关系，这有助于中国在中东事务中发挥更有效的作用。以色列希望在"一带一路"框架下改善与阿拉伯国家的关系。以色列交通部长卡茨曾说："中国和以色列、阿

---

① Alexander B. Pevzner, "A New Era for Israel-China Relations", *Jerusalem Post*, January 23, 2018, https：//www. jpost. com/Opinion/A－new－era－for－Israel－China－relations－539613.

② 《以色列专家解读中以关系：中国是以色列的完美伙伴》，参考消息网，2018 年 7 月 21 日，http：//www. cankaoxiaoxi. com/china/20180721/2296439. shtml。

③ 崇珅、贾元熙：《租赁重要港口，流入大量资金！中国加速接近以色列有玄机？》，参考消息网，2018 年 9 月 28 日，http：//column. cankaoxiaoxi. com/2018/0928/2332674. shtml。

拉伯国家均保持良好的关系，中国企业在以色列承建项目，在阿拉伯国家也有大量的工程项目，可以发挥桥梁作用将这两边的项目对接起来，从而推动以阿关系的发展。"卡茨强调："'一带一路'倡议有利于改善中东国家的经济状况，提高中东人民的生活质量，受益的不仅是以色列，还包括巴勒斯坦在内的所有阿拉伯国家，它将惠及整个中东地区。他希望，通过'一带一路'建设，中国在中东可以发挥更大的桥梁作用，从而推动该地区国家经济实现共同发展。"①

（二）中以人文交流的未来前景

中以友谊源远流长，两国有着深厚的情感基础，随着中以关系的提升和中以经济、创新合作的加强，未来中以两国人文交流前景更加广阔。

一是中犹友谊奠定的情感基础在未来中以人文交流中将进一步发挥重要作用。早在汉唐时期就有犹太人随商队从丝绸之路前来中国。② 一部分犹太人开始定居在今天的广州、泉州、杭州和宁波等港口城市，一些犹太人沿大运河和汴河来到汴梁（今开封）和其他北方城市。北宋皇帝允许犹太人定居开封，保持犹太人的传统风俗和宗教信仰，包括修建犹太会堂。此后的历朝历代也都对犹太人采取宽容政策。③ 自鸦片战争至二战结束的一百多年，超过 4 万名犹太人出于经商或避难的目的来到中国。④ 中国人对犹太人友好宽容的态度便利了犹太人在中国定居，在中国形成了一定规模的犹太社团，如上海、哈尔滨、香港等地。在第二次世界大战期间，大批犹太难民逃往上海避难，受到了友好接待，这使他们在战乱和流离失所时有了一处栖息之地，两个民族也结下了深厚的友谊。⑤ 2017 年 3 月 20 日，国务院总理李克强在人民大会堂同来华进行正式访问的以色列总理内塔尼亚胡举行会谈时，内塔尼亚胡表示，以色列人民永远不会忘记中国人民在

---

① 王水平：《"一带一路"惠及整个中东》，《光明日报》2017 年 5 月 9 日，第 10 版，http：//epaper.gmw.cn/gmrb/html/2017 - 05/09/nw.D110000gmrb_ 20170509_ 1 - 10.htm? div = - 1.

② 参见彭树智主编，肖宪著《中东国家通史·以色列卷》，商务印书馆，2001，第 303 页。

③ XuXin，"Chinese Policy Towards Judaism"，p.1，http：//www.jewsofchina.org/JewsOfChina/communities/community.asp? cid = 1055.

④ Melvin Ember，Carol R. Ember and Ian A. Skoggard，*Encyclopedia of Diasporas：Immigrant and Refugee Cultures around the World*，Vol.1，New York：Springer，2005，p.155；转引自田艺琼《新中国对以色列的人文外交》，《阿拉伯世界研究》2012 年第 5 期，第 45 ~ 46 页。

⑤ 参见李玮《以色列与"一带一路"：角色与前景》，时事出版社，2018，第 45 页。

二战期间向以色列人民伸出援手。① 中犹友谊奠定的情感基础在未来中以人文交流中将进一步发挥重要作用。

二是两国关系的提升及两国经济合作的加强将为未来中以人文交流提供重要保障。2014 年，中以贸易额增长到 110 亿美元，是 1992 年 5000 万美元的 220 倍。2018 年上半年，仅中以货物贸易累计进出口总额就达到了 74.44 亿美元，同比增长 21.6%。② 2014 年中以创新联合委员会成立，2017 年两国宣布构建"创新全面伙伴关系"，这些举措为两国在更高层次上的合作奠定了基础，未来中以人文交流也有了经济和政治保障。

（责任编辑：杨阳）

China-Israel Cultural Exchanges under the Background of "The Belt and Road"

Guo Baige

Abstract： At the very beginning，it is the Silk Road that connected Chinese and Jews. Since China and Israel established diplomatic relations，the relations between the two countries developed rapidly. With the introduction of China's "the Belt and Road" Initiative and the adjustment of Israel's strategy，China-Israel cultural exchanges ushered in new opportunities and witnessed closer academic and cultural exchanges，more enhanced education cooperation and more frequent personnel exchanges. China-Israel cultural exchanges may help to promote the BRI among countries along the routes，

---

① 《李克强同以色列总理内塔尼亚胡举行会谈》，新华网，2017 年 3 月 20 日，http：//www. xinhuanet. com//politics/2017 - 03/20/c_ 129513920. htm。

② 《2018 年上半年中以货物贸易稳定增长》，中华人民共和国驻以色列大使馆经济商务参赞处官网，2018 年 8 月 26 日，http：//il. mofcom. gov. cn/article/jmxw/201808/20180802779133. shtml。

facilitate Sino-US relations and the enhancement of economic cooperation, the friendship built by Chinese and Jewish will paly an even more critical role in the future development of China-Israel relations. Based on all factors mentioned above, the China-Israel cultural exchanges expect a promising future.

Keywords: China; Israel; Cultural Exchanges; Education Cooperation

美国大都市劳动力市场拉丁裔创业的
多维度研究

王清芳

【摘　　要】本文基于美国国家统计局人口普查数据和多层次回归法，探究了美国大都市的劳动力市场状况与美国拉丁裔劳动力创业之间的关系，以及性别和出生地对这种关系产生的影响。研究结果表明，除个人和家庭特征外，在美国大都市劳动力市场，人口构成、经济结构和劳动力市场形势等都对拉丁裔的创业情况有重要影响，并且这种影响取决于其性别和出生地。

【关 键 词】自营企业　企业家精神　移民　性别　拉丁裔　大都市

【作者简介】王清芳，美国加州大学河滨分校公共政策学院教授。

随着过去几十年来拉丁美洲、亚洲和非洲移民大量涌入，美国的许多城市已经成为各族裔创业的沃土。大量研究表明，创业可以为少数族裔提供经济、社会甚至政治进步的跳板。[①] 此外，一些地方政府已经将促进少数族裔企业发展纳入地区发展战略。例如，巴尔的摩市市长就实施了一系列举措吸引移民，希望他们能带来技术、创业精神、工作机会、消费者和税收，为衰败的街区注入活力。波士顿、底特律和代顿等城市也实施了类似项目以吸引移民，培养其经济潜力。

与此同时，少数族裔的创业情况因种族或民族、性别、出生地而呈现显著不

---

① A. Portes and L. Jensen, "The Enclave and the Entrants: Patterns of Ethnics Enterprise in Miami before and after Mariel", *American Sociological Review*, Vol. 54, 1989, pp. 929 – 949.

同。以往的研究已经发现了一些与少数族裔企业的形成和发展相关的因素，如个人特征、文化偏好、社会资本、结构性因素（如歧视）和跨国关系。[1] 虽然这些研究提供了有价值的见解，但很少有研究特别关注拉丁裔的创业情况，尤其是在宏观的劳动力市场下拉丁裔创业的差异。

鉴于这种情况，本文致力于研究拉丁裔劳动力的自营企业倾向与拥有企业所有权倾向和美国大都市劳动力市场状况的关系。本文具体研究了以下问题：一是拉丁裔劳动力的自营和创业概率与美国大都市的劳动力市场有怎样的关系，二是劳动力个人的性别和出生地（是否出生在美国本土）对这种关系有什么影响。

大多数对现有的地区级别——本文所指的大都市级别——的劳动力市场的创业研究，没有考虑到企业家个体的社会认同和文化认同。关于少数族裔经济或少数族裔企业的现有研究主要集中在地方社区层级，而且是小规模和低技能领域。[2] Wang 发现，大都市的种族/民族构成和产业结构对不同种族与性别群体的创业有显著影响。[3] 对来自不同出生地的同一民族人口的自营和创业倾向的系统性研究却非常少见，对于性别在此过程中有着怎样的影响研究更少。除此之外，通过多层次的研究方法，本文还探讨了少数族裔创业过程中性别和出生地在个人层面和区域层面（大都市劳动力市场层面）的交互影响。本文是一次创新性的尝试，在考虑个人和家庭特征的基础上，阐明和衡量大都市劳动力市场对少数族裔创业情况可能存在的影响。

---

[1] T. Bates, "Minority Entrepreneurship", *Foundations and Trends in Entrepreneurship*, Vol. 7, Issue 3 – 4, 2011, pp. 151 – 311; I. H. Light, *Ethnic Enterprise in America: Business and Welfare Among Chinese, Japanese, and Blacks*, Berkley, CA: University of California Press, 1972; I. H. Light, "Immigrant and Ethnic Enterprise in North America", *Ethnic and Racial Studies*, Vol. 7, Issue 2, 1984, pp. 195 –216; M. Zhou, "Revisiting Ethnic Entrepreneurship: Convergences, Controversies, and Conceptual Advancements", *International Migration Review*, Vol. 38, 2004, pp. 1040 –1074.

[2] R. Chaganti and P. G. Greene, "Who are Ethnic Entrepreneurs? A Study of Entrepreneurs", *Journal of Small Business Management*, Vol. 40, Issue 2, 2002, pp. 126 – 143; T. V. Menzies, L. J. Filion, G. A. Brenner and S. Elgie, "Measuring Ethnic Community Involvement: Development and Initial Testing of an Index", *Journal of Small Business*, Vol. 45, Issue 2, 2007.

[3] Q. Wang, "Gender, Ethnicity, and Self-employment: A Multilevel Analysis across US Metropolitan Areas", *Environment and Planning A*, Vol. 41, Issue 8, 2009, pp. 1979 – 1996; Q. Wang, "Immigration and Ethnic Entrepreneurship: A Comparative Study in the United States", *Growth and Change*, Vol. 41, Issue 3, 2010, pp. 430 – 458.

本文以拉丁裔劳动力为研究重点。在过去的几十年中，美国的拉丁裔人口经历了巨大的变化。拉丁裔人口不仅改变了美国劳动力人口的组成，而且影响了区域及地方劳动力的经济、社会以及政治环境。大量的拉丁裔特别是墨西哥人，被认为是低技能、低学历的劳动者，因此除了20世纪70年代和80年代迈阿密的古巴人的创业情况比较引人关注之外，人们相对忽略了拉丁裔的创业情况。虽然近些年一些文献记录了拉丁裔创业的趋势和特征，[①] 但是我们对这个领域的了解仍然非常有限。

一　少数族裔创业和大都市劳动力市场的研究现状

（一）从多维度探索少数族裔的创业情况

对少数族裔创业动机的分析有许多不同的角度。新古典经济模式强调人力资本的作用。[②] 以往的研究表明，年龄、性别、语言能力和教育程度与少数族裔的创业及成功密切相关。一些研究表明，由于人力和财力不足，墨西哥裔美国人的企业所有权比例较低；然而在其他因素相同的情况下，墨西哥人比非拉丁裔美国白人更有可能创业。[③] 由于这种观点并未解释"种族"的特征，一些研究将少数族裔比非移民更倾向于创业归结为文化习俗和文化传统的影响。[④] 社会资本的观点认为，少数族裔属于一个特定的种族团体并可以使用他们的社会网络，其作用相当于一个非正式的创业孵化器，可以提供许多物质或者智力上的资源，包括劳动力、资本、供应商以及市场。[⑤] 结构主义方法指出，歧视、边缘化和低下的社

---

① M. Aguilera, "Ethnic Enclaves and the Earnings of Self-employed Latinos", *Small Business Economics*, Vol. 33, Issue 4, 2009, pp. 413 – 426; B. Robles and H. Cordero-Guzman, "Latino Self-employment and Entrepreneurship in the United States: An Overview of the Literature and Data Sources", *Annals of the American Academy of Political and Social Science*, Vol. 613, Issue 1, 2007, pp. 18 – 31.

② E. Masurel, P. Nijkamp and G. Vindigni, "Breeding Places for Ethnic Entrepreneurs: A Comparative Marketing Approach", *Entrepreneurship & Regional Development*, Vol. 16, Issue 1, 2004, pp. 77 – 86.

③ B. Robles and H. Cordero-Guzman, "Latino Self-employment and Entrepreneurship in the United States: An Overview of the Literature and Data Sources", *Annals of the American Academy of Political and Social Science*, Vol. 613, Issue 1, 2007, pp. 18 – 31.

④ J. T. Fawcett 和 R. W. Gardner, "Asian Immigrant Entrepreneurs and Non-entrepreneurs: A Comparative Study of Recent Korean and Filipino Immigrants", *Population and Environment*, Vol. 15, Issue 3, 1994, pp. 211 – 238.

⑤ S. Eckstein and T. Nguyen, "The Making and Transnationalization of an Ethnic Niche: Vietnamese Manicurists", *International Migration Review*, Vol. 45, Issue 3, 2011, pp. 639 – 674.

会地位使得一些少数族裔和移民在劳动力市场上的选择非常有限，他们当中的一些人不得不转向创业。[①]

基于各种不同的观点，Waldinger 等人认为，创业是一个众多因素交互影响的过程，其中有三个因素起关键作用，即经济动态和监管体系决定的机遇结构、群体特征以及民族战略，其中民族战略与前两者相连共生。[②] 在此过程中，少数族裔企业家必须战略性地使用其种族资源以适应机遇结构的需要。类似于这种观点，Kloosterman 和 Rath 的"混合嵌入方法"（mixed embeddedness approach）强调在一方的机遇结构与另一方的移民企业家及其资源的交互作用过程中，东道国社会正式和非正式的监管制度是主要焦点之一。[③] 总体而言，这些来自不同学科的研究表明少数族裔创业是一个多维度的过程。虽然有时并不会明确指出，但是这些研究通常强调"环境"和"背景"的重要性，以及企业家与其所处环境或背景之间的相互作用。

（二）宏观劳动力市场环境和少数族裔企业家精神

在本文中，宏观劳动力市场指大都市层次的劳动力市场。大量的研究表明，总体的经济形势对任何企业的创立和发展都非常重要。例如，萎靡的经济形势或者高失业率可能会促使更多人创业。[④] 高科技创业也与区域劳动力市场中"创意阶层"较多、文化的包容性以及多样性紧密相关。[⑤] Audretsch 和 Keilbach 特别强调"创业资本"，即一个区域的综合环境是否有利于创新。[⑥] 此外，区域劳动力

[①] E. Masurel, P. Nijkamp and G. Vindigni, "Breeding Places for Ethnic Entrepreneurs: A Comparative Marketing Approach", *Entrepreneurship & Regional Development*, Vol. 16, Issue 1, 2004, pp. 77 – 86.

[②] R. D. Waldinger, *Ethnic Entrepreneurs: Immigrant Business in Industrial Societies*, Newbury Park, CA: SAGE Publications, 1990.

[③] R. Kloosterman and J. Rath, "Immigrant Entrepreneurs in Advanced Economies: Mixed Embeddedness Further Explored", *Journal of Ethnic and Migration Studies*, Vol. 27, Issue 2, 2001, pp. 189 – 201.

[④] H. Tervo, "Regional Unemployment, Self-employment and Family Background", *Applied Economics*, Vol. 38, Issue 9, 2006, pp. 1055 – 1062.

[⑤] D. M. Hart, Z. J. Acs and S. Tracy, "High-tech Immigrant Entrepreneurship in the United States", *Economic Development Quarterly*, Vol. 25, Issue 2, 2009, pp. 116 – 129; H. Qian and R. R. Stough, "The Effect of Social Diversity on Regional Innovation: Measures and Empirical Evidence", *International Journal of Foresight and Innovation Policy*, Issue 7, 2011, pp. 142 – 157.

[⑥] D. B. Audretsch and M. Keilbach, "Entrepreneurship Capital and Economic Performance", *Taylor and Francis Journals*, Vol. 38, Issue 8, 2004, pp. 949 – 959.

市场的经济结构尤为重要。美国过去十年的经济结构重组可能会为在一系列特定行业的创业提供特殊的机遇。

这些研究虽然为企业家精神、创新和区域劳动力市场特征的理论化提供了重要基础，但是没有涉及企业家的种族、民族和出生地。正如前文所说，除了个人层面的人力资本，文化特征、种族或民族限定的社会资本或者曾在劳动力市场遭受歧视的经历都可能在创业过程中发挥作用。属于某一个特定的民族或国家可以为一个人带来独特的机遇和资源，供现有的或潜在的企业家使用。与此同时，劳动力市场中的性别和种族歧视也可能限制他们的选择。[1] 两种截然不同的经历可以作为外部压力和个人动力，让少数族裔企业家通过创造性的商业战略调动资源，创办和经营自己的企业。[2] 因此，将种族、民族和出生地纳入企业家精神和创业过程来考虑很有必要。

宏观劳动力市场的民族和种族构成与少数族裔的创业情况密切相关。一方面，随着大量移民涌入美国，民族商品的供需显著增长。从需求的角度来看，这为少数族裔创业提供了机会。[3] 此外，少数族裔在区域劳动力市场的规模相对扩大，可能会提高他们的谈判协商能力，为其创业打造更好的环境。另一方面，如果多数派认为少数派可能会与他们在工作机会、住房、公共利益和设施方面产生竞争，那么多数派可能会对快速增长的少数派产生敌意。[4] 因此，有必要考虑族裔的多样性和同种族人口的相对规模。[5]

---

① C. Teixeira, L. Lo and M. Truelove, "Immigrant Entrepreneurship, Institutional Discrimination, and Implications for Public Policy: A Case Study in Toronto", *Environment and Planning C: Government and Policy*, Vol. 25, Issue 2, 2007, pp. 176 – 193.

② R. D. Waldinger, *Ethnic Entrepreneurs: Immigrant Business in Industrial Societies*, Newbury Park, CA: SAGE Publications, 1990.

③ L. Lo, "How Does Ethnicity Matter in the Geography of Consumption?", *Urban Geography*, Vol. 30, Issue 4, 2009, pp. 391 –415; C. Teixeira, L. Lo and M. Truelove, "Immigrant Entrepreneurship, Institutional Discrimination, and Implications for Public Policy: A Case Study in Toronto", *Environment and Planning C: Government and Policy*, Vol. 25, Issue 2, 2007, pp. 176 – 193.

④ K. O. O'Neil and M. Tienda, "A Tale of Two Counties: Perceptions and Attitudes toward Immigrants in New Destinations", *International Migration Review*, Vol. 44, Issue 3, 2010, pp. 728 – 761.

⑤ 关于将多样性作为创新和创业的社会驱动力的讨论，参见 H. Qian, "Diversity Versus Tolerance: The Social Drivers of Innovation and Entrepreneurship in US Cities", *Urban Studies*, Vol. 50, Issue 13, 2013。

（三）女性和外国人创业：不一样的道路

前人的研究已经探讨了男女企业家在教育和职业背景、动机和驱动力、目标和战略、管理风格以及个人价值观方面的差异。[①] 然而，对少数族裔女性的创业精神和她们的企业的研究相对较少，关于拉丁裔女性创业的研究就更为稀缺。就现有的关于少数族裔女性的劳动力市场经验来看，少数族裔女性和移民女性往往被视为低收入劳动者和无收入的家庭劳动者。相比于男性和来自民族多数派（白人）的女性，她们处于更为不利的地位，在劳动力市场上面临更大的困难。[②] 但与男性相比，种族和性别所限定的社交网络也会为少数族裔女性提供更为独特的机遇。[③]

在大城市，出生于外国可能也会与性别、种族等因素联合起来，共同对该区域的创业模式造成影响。Hansen 和 Cardenas 对出生在美国和美国以外的墨西哥裔所拥有的在美国的企业进行对比后发现，在美国以外出生的墨西哥裔的种族倾向要高于在美国本土出生的墨西哥裔。在国外出生的墨西哥裔雇主比起在美国出生的同种族企业雇主更倾向于雇用墨西哥移民工人，美国本土墨西哥裔雇主在这一方面则和非墨西哥裔雇主并无二致。虽然墨西哥移民的老一辈企业主高度集中于景观美化、建筑和饮食服务等领域，[④] 但墨西哥移民的第二、第三代人大多数凭借较高的教育水平找到了稳定工作。正如 Luthra 和 Waldinger 指出的那样，墨西哥移民的后代更可能在公共部门就业而不是自己创业。由此看来，是否出生在美国本土会对拉丁裔创业情况产生重要影响。[⑤]

综合考虑性别、出生地和种族等因素，由于社会和文化认同（如民族、种

---

① T. B. Levent, P. Nijkamp and M. Sahin, "New Orientations in Ethnic Entrepreneurship: Motivation, Goals and Strategies of New Generation Ethnic Entrepreneurs", *International Journal of Foresight and Innovation Policy*, Vol. 5, Issue 1 – 3, 2009, pp. 83 – 112.

② R. Raijman and M. Semyonov, "Gender, Ethnicity and Immigration: Double Disadvantage and Triple-disadvantage among Recent Immigrants in the Israeli Labor Market", *Gender & Society*, Vol. 11, Issue 1, 1997, 108 – 125.

③ A. Dallafar, "Iranian Women as Immigrant Entrepreneurs", *Gender and Society*, Vol. 8, Issue 4, 1994, pp. 541 – 561.

④ R. Raijman and M. Tienda, "Immigrants Pathway to Business Ownership: A Comparative Ethnic Perspective", *International Migration Review*, Vol. 34, Issue 3, 2000, pp. 682 – 706.

⑤ R. R. Luthra and R. D. Waldinger, "Into the Mainstream? Labor Market Outcomes of Mexican-origin Workers", *International Migration Review*, Vol. 44, Issue 4, 2010, pp. 830 – 868.

族、性别等)、人力资本禀赋、个人价值观和期望、家庭背景不同,少数族裔企业家们会受到社会、经济、政治、文化、监管以及制度等多种因素和力量的影响。因此,本文首先考虑了年龄、性别、受教育程度、婚姻状况、配偶是不是创业者或者拥有企业等个人因素,同时在上述讨论的基础上探讨大都市劳动力市场的特征,并重点研究大都市劳动力市场特征与性别和出生地之间的相互作用。

二　数据和方法设计

本文所使用的数据来自美国统计局人口普查中社区调查的微观整合共享数据库,仅限于民用劳动力。[①] 该数据集提供了人口统计数据、住房数据以及个人层面上的社会和经济信息,包括性别、年龄、教育水平、职业和家庭特征。本文最为关注的变量是每个拉丁裔劳动力的创业情况,美国社区调查恰恰提供了这个数据。由于数据的分层性质,本文采用分层建模的方法:个人层面的数据为第一层 (level-1),大都市劳动力市场的数据为第二层 (level-2)。这种多层次建模法可以综合考虑大都市劳动力市场的情况和控制个人层面的变量,以预测创业情况。

是否创业 (或者自营) 这个因变量是一个二进制变量,其值为 0 或 1。这个分层线性模型可以通过以下公式来表达:

$$Y_{ij} = \beta_{0j} + \beta_{1j} (Foreign\ Born\ Female)_{1ij} + \beta_{2j} (US\ Born\ Male)_{2ij} + \beta_{3j} (US\ Born\ Female)_{3ij} \cdots + \beta_{kj} X_{kij} \tag{1}$$

其中,Y_{ij} 代表在大都市区域 j 生活和工作的拉丁裔劳动力 i 的创业概率 (以对数形式);$X_{1ij} \cdots X_{kij}$ 代表个人层面的变量,包括性别、是否在国外出生、年龄、教育程度、家庭人数、婚姻状况、每周工作时数以及是否有创业的配偶;相关系数为 $\beta_{1j} \cdots \beta_{kj}$。具体变量见表 1。如前所述,这些特征的选择基于早期大量从不同角度进行的多学科研究。

---

① S. Ruggles, J. T. Alexander, K. Genadek, R. Goeken, M. B. Schroeder and M. Sobek, *Integrated Public Use Microdata Series*: *Version 5.0*, Minneapolis: University of Minnesota, 2010.

表 1　模型中的变量

	变量	编码策略
个人层面 的变量	年龄	自然年龄
	已婚	结婚 = 1
	家庭规模	家庭大小以自然日志的形式
	伴侣	有一个自雇的配偶 = 1
	学位	具有副学士学位以上学历 = 1
	工作时间	以自然日志的形式表示每周工作的小时数
	FM - 男	外国出生的男性 = 1
	NM - 二男	本地男性 = 1
	FF - 女	外国出生的女性 = 1
	NF - 二女	本地女性 = 1
大都市劳动力 市场的变量	多样性	指标范围从 0 到 1；代表更多种族多样性的更高价值
	黑人 PCT	黑人占总人口的百分比
	拉丁裔 PCT	拉丁裔占总人口的百分比
	亚裔 PCT	亚裔占总人口的百分比
	制造业	民用劳动力制造业的百分比
	建筑业	民用劳动力的建筑业百分比
	贸易	民用劳动力的批发和零售百分比
	服务	民用劳动力社会服务的百分比
	高阶服务	民用劳动力的信息和通信、金融、保险、房地产、管理和专业工业部门的百分比
	学士学位 PCT	至少拥有学士学位的平民就业劳动力的百分比
	失业	失业率
	公司财团	自营职业者自雇劳动力的百分比；更高的价值代表更高程度的垄断

同时，劳动力市场在不同区域的差别进一步在 level-2 中用来解释劳动力个人的创业率，具体估算的公式如下：

$$\beta_{0j} = \gamma_{00} + \gamma_{01} W_{1j} + \cdots + \gamma_{0q} W_{qj} + \mu_{0j} \tag{2}$$

$$\beta_{1j} = \gamma_{10} + \gamma_{11} W_{1j} + \cdots + \gamma_{1q} W_{qj} + \mu_{1j} \tag{3}$$

$$\beta_{2j} = \gamma_{20} + \gamma_{21} W_{1j} + \cdots + \gamma_{2q} W_{qj} + \mu_{2j} \tag{4}$$

$$\beta_{3j} = \gamma_{30} + \gamma_{31} W_{1j} + \cdots + \gamma_{3q} W_{qj} + \mu_{3j} \tag{5}$$

其中，β_{0j} 表示所有拉丁裔劳动力个体在每个大都市创业的平均概率（以对数形式）。大都市劳动力市场的特征，$W_{1j}, \cdots W_{qj}$ 应该被视为与截距的交互项。因此，与 W_j 相关联的系数项 γ_{01} 表示的是对所有拉丁裔劳动力来说区域（大都市）级别的特征对除去个人因素的创业率的影响。参照组 W_j 是美国以外出生的男性，与其他三组的除去个人因素的平均创业率的差异由公式（3）至公式（5）的 β_{1j} 到 β_{3j} 表示。二级误差项（μ_{0j} 到 μ_3）代表的是每个群体创业率单独的方差分量。描述每个大都市 j 的经济和人口状况的区域特征 W_j 可以部分解释创业情况在空间上的随机分布。γ_0 到 γ_3 表示的是控制个人因素后，性别、出生地和大都市劳动力市场特征的相互作用。

如前所述，基于早期的研究，区域或者大都市级别的劳动力市场特征包括以下几点。一是失业率，在经济状况停滞不前时数值更高；二是教育水平，衡量学历在本科及以上的比例，以反映整个区域劳动力的技能水平；三是所有创业企业中法人企业的占比，以显示当地经济的垄断程度和小公司的态势。一般来说，法人企业规模越大，比例越高，那么当地经济的垄断程度越高，总体来说小型企业的机遇就越少。

此外，为了研究少数族裔创业率与区域经济结构的关系，本文囊括了劳动力从事不同行业如制造业、建筑业、服务业以及生产服务业的占比。为了研究区域劳动力市场的种族构成，本文构建了一个族裔多样性指数。[1] 该指数衡量大都市两个随机抽取的人来自不同种族的概率，算式如下：

$$\text{Index} = 1 - \sum_{i}^{5} (Race_i)^2 \tag{6}$$
$$i \in I = \{\text{非拉丁裔白人、黑人、亚洲人、拉丁裔以及其他种族}\}$$

$Race_i$ 表示该种族人口的占比，$i \in I = \{\}$。指数的值越高，区域的人口多样性就越高。

① A. Rupasingha, S. J. Goetz and D. Freshwater, "Social and Institutional Factors as Determinants of Economic Growth: Evidence from the United States Counties", *Papers in Regional Science*, Vol. 81, Issue 2, 2002, pp. 139 - 155.

三 结果与讨论

（一）美国的拉丁裔创业情况

图 1 显示了与其他种族相比拉丁裔的创业率。对于非拉丁裔的白人和黑人来说，在国外出生的男性比起在美国出生的同族男性创业率更高；同理，在国外出生的女性比起在美国出生的同族女性创业率也高。也就是说，对于黑人和白人来说，在相同种族中，在外国出生的男性创业率最高，在美国出生的男性创业率低，在美国出生的女性创业率最低。这种模式与拉丁裔和亚裔的模式有所不同。在这两个群体中，无论性别，在外国出生的人的创业率都比在美国本土出生的同种族人群更高。因此，在外国出生的女性创业率高于在美国本土出生的男性。对于拉丁裔来说，在国外出生的女性的创业率甚至高于在国外出生的男性的创业率。这种模式表明在外国出生的身份改变了创业率在种族内的性别差异，特别是在拉丁裔群体内。

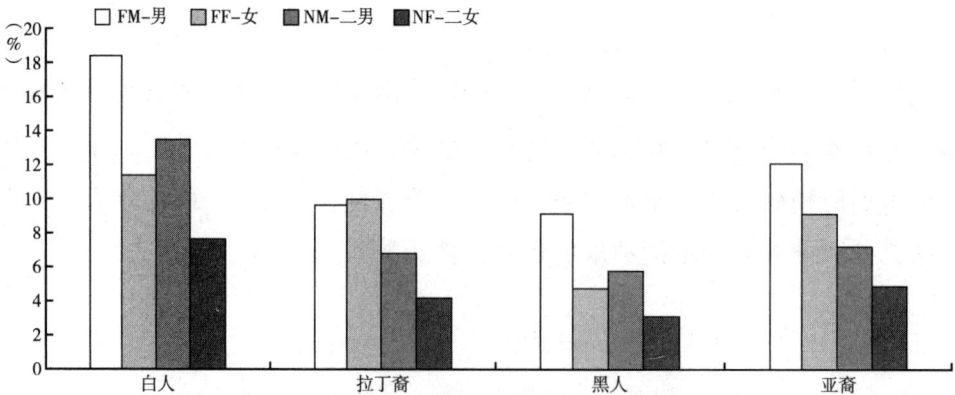

图 1 拉丁裔人与其他群体相比的自营职业率

本文研究发现拉丁裔劳动力的创业率在 283 个大都市的差异很大。整个拉丁裔群体的创业率为 0～23.7%。其中，在国外出生的拉丁裔男性劳动力的创业率为 0～55.6%，在美国出生的拉丁裔男性劳动力的创业率为 1.0%～1.7%；在外国出生的拉丁裔女性的创业率为 0～29.5%，在美国出生的拉丁裔女性劳动力的创业率为 0~27.4%。在宾夕法尼亚州的威廉斯波特，在国外出生的拉丁裔男性劳动力的创业率为 55%，而其他所有群体则为 0。然而，在宾夕法尼亚州的约翰斯顿，在美国出生的男性和女性劳动力的创业率都很高，分别为 31.7% 和 21.4%，而在国外出生的男性劳动力创业率为 0，在国外出生的女性创业率为 15.3%。在密苏里州的斯普林菲尔德，在国外出生的女性劳动力创业率最高，达到 29.1%，但在美国出生的男性和女性劳动力的创业率都仅为 7.7%，而在国外出生的男性劳动力创业率为 0。与大都市四个群体间显著的空间差异一致，多层次回归模型的结果表明创业率和性别及出生地之间的关系很大程度上受大都市的劳动力市场条件的影响。

（二）大都市劳动力市场的特征和拉丁裔创业情况

本文的研究重点是大都市劳动力市场的特征，其他的个人层面特征的回归结果在此不详述。表 2 显示了在控制个人特征和家庭特征的情况下，性别、出生地和大都市劳动市场特征对创业情况的联合影响。一般情况下，如果控制了个人和家庭特征，在美国本土出生的拉丁裔尤其是拉丁裔女性的创业率则远低于在国外出生的拉丁裔女性。尽管在国外出生的拉丁裔女性创业率高于其他群体，但控制了所有因素后，其优势不再具有任何统计学意义。接下来将探讨和不同性别及出生地群体之间的创业可能性息息相关的大都市劳动力市场的特征。

表 2　大都市区水平特征的结果

	F 男 （参照组）	F 女性和 F 男性 之间的区别	N 男和 F 男 之间的区别	N 女和 F 男 之间的区别
	β_0	β_1	β_2	β_3
截距	−2.955***	0.040	−0.189***	−0.467***
多样性	−0.354	0.518*	0.323	−0.028
黑人 PCT	0.019***	−0.011**	−0.020***	−0.025***
拉丁裔 PCT	0.013***	−0.009***	−0.009***	−0.018***
亚裔 PCT	−0.001	0.000	−0.003	0.004
制造业	0.013*	−0.027**	−0.017*	−0.036***
建筑业	0.075***	−0.027	−0.003	−0.013

	F 男 （参照组）	F 女性和 F 男性 之间的区别	N 男和 F 男 之间的区别	N 女和 F 男 之间的区别
	β_0	β_1	β_2	β_3
贸易	0.066 ***	− 0.067 **	− 0.011	− 0.077 **
服务	0.021 **	− 0.011	− 0.034 ***	− 0.042 ***
高阶服务	0.039 ***	− 0.018	− 0.046 **	− 0.046 ***
学士学位	− 0.000	0.007	0.017 **	0.011
失业	− 0.042 **	− 0.004	0.031 **	0.070 ***
公司财团	− 0.022 ***	0.005	0.002	0.005

注：* p < = 0.05，** p < = 0.01，*** p < = 0.001。

1. 大都市劳动力市场的种族多样性和种族构成

大都市地区的黑人人口比例和在国外出生的拉丁裔男性的创业率显著相关。大都市的黑人人口比例增加 10%，在国外出生的拉丁裔男性的自营企业或创业（相对于受雇）的可能性即增加 22%（ = exp（0.0198 × 10）− 1）。与国外出生的拉丁裔男性相比，其他性别和出生群体的创业率将显著降低。比如，大都市的黑人人口比例增加 10%，与在国外出生的同族男性相比，在国外出生的拉丁裔女性的创业可能性要降低 10%（ = 1 − exp（− 0.0109 × 10）），虽然总体来说大城市的黑人人口比例对在国外出生的女性的影响仍然是正面的，然而大城市的黑人比例升高对于在本国出生的人，无论男女，其影响都是负面的。大城市的黑人比例升高 10%，则在本国出生的男性和女性的创业可能性（相对于受雇）会分别下降 17% 和 22%。

大都市内拉丁裔人口的增加与拉丁裔男性的创业率正相关。具体而言，拉丁裔人口每增加 10%，在国外出生的拉丁裔男性的创业（相对于受雇）可能性相应增加 13%（ = exp（0.013 × 10 − 1））。相对而言，在国外出生的拉丁裔女性和在美国本土出生的男性的创业可能性相比在国外出生的拉丁裔男性会下降 9%，但总体来说影响仍然是正面的。与其相反，当大城市同族的人口增加，在美国本土出生的拉丁裔女性的创业率会大幅降低，呈负面影响。

先前的一些研究已经探讨了当地种族构成所产生的影响。Borjas 指出，少数族裔人口相对规模的增加会影响其在美国的创业情况。[1] 本文提出进一步的见解。首先，不同种族团体的数量（即种族多样性）并不重要。本文的研究结果表明，除了在国外出生的拉丁裔女性以外，大城市的种族多样性并不重要，而拉丁裔人口的相对规模则重要得多。这有力地论证了大都市劳动力市场同族人口的增加会为拉丁裔的创业提供更多的机遇，可以提供市场、劳动力和制度性的支持。其他的少数族裔，尤其是黑人，可以在劳动力市场中与拉丁裔共同生存，提高文化的多样性和包容性，从而有助于其他少数族裔（包括拉丁裔）的创业。而与拉丁裔和黑人的数量相比，大都市中亚洲人口的规模太小，不足以对拉丁裔的自营情况产生显著影响。

此外，正面影响很大程度上取决于出生地和性别。如果不考虑性别，大都市同族人口的聚集会给在国外出生的人带来更大的影响。换句话说，目前阶段在国外出生的身份模糊了性别的界限。在条件保持不变的前提下，出生地的不同对创业率的影响甚至比性别不同都大。实际上，正如前文所述，无论性别为何，在国外出生的拉丁裔都比在美国本土出生的拉丁裔创业率要高得多。这可以反映移民和美国本土出生的劳动力之间寻找工作不同的机制。虽然很多在国外出生的拉丁裔劳动力有可能通过种族联系进入其族裔长期聚集的行业自己创业，但他们的后代拥有了更好的人力资本以后可能选择别的工作而不是创业。[2] 对很多在本国出生的少数族裔劳动力来说，传统的民族企业大多集中于低技术领域，工作时间长、工作条件差，因此不再具有吸引力。[3]

2. 大城市的工业结构

随着过去几十年的经济重组，美国制造业所占比例稳步下降。本文研究发现，制造业部门的高就业比例与在国外出生的拉丁裔男性的创业率成正相关，但统计显著性水平只达到 90%，而其他三个群体都呈负相关。尤其是对于女性群体，无论其出生地是不是美国，制造业的就业比例和他们的创业率

---

① G. J. Borjas, "The Self-employment Experience of Immigrants", *Journal of Human Resources*, Vol. 21, Issue 4, 1986, pp. 485 – 506.

② R. R. Luthra and R. D. Waldinger, "Into the Mainstream? Labor Market Outcomes of Mexican-origin Workers", *International Migration Review*, Vol. 44, Issue 4, 2010, pp. 830 – 868.

③ B. P. Wong, *Ethnicity and Entrepreneurship: The New Chinese Immigrants in the San Francisco Bay Area*, Boston, MA: Allyn and Bacon, 1998.

都显著负相关。

对于服务业而言，大都市的服务业占比增加与在国外出生的拉丁裔男性的创业率正相关，对在国外出生的拉丁裔女性同样适用。与此相反，服务业占比与在美国出生的男性和女性创业率负相关。也就是说，随着服务业（生产服务、社会服务和个人服务）的发展，工作机会增加，美国本土出生的拉丁裔劳动力便不再倾向于创业。大城市的生产服务业（金融、信息、房地产、交流与信息、专业人员和管理）占比提高 10%，在国外出生的拉丁裔男性的创业率会提高 50% 左右，国外出生的女性的创业率相比要降低 17%，但总体影响仍然是正面的；而在美国出生的男性和女性的创业率要下降近 40%。除此之外，性别与区域劳动力市场的贸易就业比例之间的关系更为显著。具体而言，大都市劳动力市场的贸易就业比例提高，无论出生地，拉丁裔男性的创业率都会提高，拉丁裔女性的创业率则会显著降低。

大都市的建筑行业的相对规模与拉丁裔创业率显著相关，并且这一因素的影响与性别和出生地的关系不大。建筑行业就业占比每增加 10%，在国外出生的拉丁裔男性的创业可能性（相对于受雇）就增加 110%（$= \exp (0.075 \times 10) - 1$）。如此巨大的影响反映了拉丁裔在美国全国范围内高度集中于建筑行业的事实。本文的数据样本显示将近有 1/4 的拉丁裔个体经营户从事建筑行业。在国外出生的拉丁裔男性、女性和在美国出生的男性、女性个体经营户从事建筑行业的占比分别为 41.9%、1.5%、31.3%、2.7%。

总体而言，相比种族构成和不同出生地所造成的显著影响，区域工业结构带来的影响则更为复杂，它改变了男性和女性、外国出生和美国出生之间的界限。这种差异反映了长期存在的劳动力市场的切割格局。本文研究显示，自营企业的拉丁裔男性和女性在行业分布上差异很大。对于四个不同群体而言，专业人员与管理部门都是自营企业者最集中的部门，尤其是男性。相比于女性，男性主要集中于建筑行业、制造业、交通业和储藏行业。比如在建筑行业中，在国外出生的拉丁裔男性占 74%，在美国出生的拉丁裔男性占 23%。相比于男性，女性更集中于服务、教育、医疗保健、社会服务和零售业。同时，在国外出生的拉丁裔与在本国出生的拉丁裔之间的差异也能反映第一代移民及他们的后代之间不同的职业选择和在劳动力市场上的发展轨迹。正如前文所述，移民的第二代或者后代不一定想追随其父母并继续创业，尤其是那些较为低端的企业。① 如果要详细了解这一现象和形成机制，还须进一步研究创业在少数族裔家庭中的代际差异。

结　语

对于少数族裔创业的研究，传统上主要建立在国外出生的男性劳动力的经验之上。但本文的研究显示，女性劳动力、在美国本土出生的少数族裔以及移民的后代有着不同的经历。区域劳动力市场特征，如人口构成、经济结构、总体的劳动力市场状况都为拉丁裔创业提供了重要的机遇。不仅如此，大都市劳动力市场状况的影响还要取决于个人劳动力的性别及出生地。

同族人口在区域劳动力市场更高的集中程度可能会为拉丁裔创业提供更多的资源和有利的环境，尤其是对于在国外出生的拉丁裔，无论男女。不同的出生地所带来的不同机遇表明，在国外出生和在本土出生的拉丁裔有着截然不同的劳动力市场就业机制。在美国本土出生的拉丁裔由于拥有更好的人力资本，可能拥有更好的工作机会和更高的薪资。即使很多研究表明社会网络在种族劳动力就业市场中举足轻重，但其运行机制可能在第一代移民及他们的后代中差别很大。很明显，出生地的差异明显影响了劳动力市场中的性别差异。

区域产业结构也对拉丁裔的创业机遇有重要影响。与拉丁裔高度集中于建筑行业相一致，在同一区域内大都市的建筑业占比越高，拉丁裔的创业率就越高，不受性别及出生地等的影响。然而，制造业占比下降和服务业及贸易业占比上升对男女创业有不同的影响，出生地的不同则进一步重塑了性别差异。区域结构的强烈影响可能与劳动力市场因性别和移民身份而不同的分割模式有关。几十年来，研究人员记录了性别隔离和移民隔离对工作收入和向上流动的负面影响，结果表明劳动力市场的隔离也会影响创业机遇，而区域产业结构又进一步加强了这种影响。

---

① R. D. Alba and V. Nee, *Remaking the American Mainstream: Assimilation and Contemporary Immigration*, Cambridge, MA: Harvard University Press, 2003; R. R. Luthra and R. D. Waldinger, "Into the Mainstream? Labor Market Outcomes of Mexican-origin Workers", *International Migration Review*, Vol. 44, Issue 4, 2010, pp. 830 – 868; B. P. Wong, *Ethnicity and Entrepreneurship: The New Chinese Immigrants in the San Francisco Bay Area*, Boston, MA: Allyn and Bacon, 1998.

大量研究显示，创业对少数族裔和移民的向上流动有积极影响。本文的研究进一步表明，少数族裔的创业率因地而异。从大城市层面研究来看，出生地和性别不仅直接影响少数族裔是否拥有某些资源，还会和其所在地的情况相互作用，进而影响他们的资源可达性和向上流动性。这些经验至少在两个领域为公共政策制定提供了新的见解。一方面，针对少数族裔和移民个人向上流动的政策和实践（比如那些针对个人的社会政策），应该更多地考虑当地的宏观劳动力市场提供了怎样的机遇与限制；另一方面，大多数区域经济发展政策，尤其是和创业有关的政策，有必要将创业者的种族、性别、出生地和其他社会因素考虑进来。

本文的研究当然也有局限性。由于内生性问题，无法给出大都市劳动力市场和拉丁裔创业情况之间的因果关系。实际上，我们也没有打算确立这种因果关系，只是明确了一系列在区域劳动力市场层面的独立变量与相关变量（即创业率）之间的相关性。在未来的研究中，使用纵向数据进行长期性分析将对这个问题有所启发。除此之外，拉丁裔内部各个细分的族裔之间的差异也很大，对拉丁裔各个分支群体进行详细的比较研究会有利于深化当前话题的讨论。与此同时，通过不同的移民群体和代际差异来研究他们的自营或者创业状况，会为少数族裔和移民的具体创业机制提供更详细的见解。在这些方向上的进一步研究有望得到丰硕的成果。

（责任编辑：王畅）

Hispanic Business Ownership across U. S. Metropolitan Labor Markets： A Multilevel Approach

Wang Qingfang

Abstract：Using the American Community Surveys （ACS） data and a hierarchical regression, this study examines how metropolitan area level labor market conditions are associated with the propensity of business ownership for the Hispanic labor force in the United States, and how the relationship differs between the foreign-born and the native born, and between men and women. Findings from this study suggest that, in addition to personal and household characteristics, metropolitan labor market characteristics such as demographic composition, economic structure, and general labor market strength are important for Hispanic business ownership, contingent on gender and foreign-born status of the individual labor force.

Keywords: Self-employment; Entrepreneurship; Immigration; Gender; Hispanic/ Latino; Urban

当代中国的拉丁美洲研究

于 漫

【摘　要】随着国际政治经济形势的变化，中国与拉丁美洲各国互动交流的意义日益凸显。无论是出于当今国际形势的考虑还是中国发展的自身要求，进一步深化对拉丁美洲的研究都有重要意义。相对于世界其他国家和地区的研究，目前国内的拉丁美洲研究，在研究人数、成果数量、深度广度、媒介领域等方面都还有极大的提升空间。本文基于对目前国内拉美研究主要科研数据的调研，从拉美研究在中国从无到有的发展历程入手，对拉美研究的分布领域、研究热点和盲区、研究成果的发布渠道等进行梳理，采用大数据分析方式，透视其总体状况和发展趋势，思考中国拉美研究有待进一步拓展和探讨的问题，展望未来发展前景，提出相应的方向性建议，以期与国内拉美研究者和教学工作者勉力探索新思路。

【关 键 词】拉丁美洲研究　当代中国　科研成果与方向

【作者简介】于漫，上海外国语大学教授，博士生导师。

回顾 2018 年中国外交，中国和拉丁美洲国家的高层次交流与互动无疑十分引人注目。2018 年 1 月，中拉论坛第二届部长级会议在智利首都圣地亚哥举行。习近平主席在贺信中高度肯定中拉论坛三年来的发展，提出以共建"一带一路"引领中拉关系。会议通过了《圣地亚哥宣言》和《中国与拉共体成员国优先领域合作共同行动计划（2019～2021）》，发表了《中国—拉共体论坛第二届部长级会议关于"一带一路"倡议的特别声明》。王毅外长表示，这体现了中国对深化中拉合作、实现共同发展的真诚意愿。2018 年，中国外交这一开篇之作开启了中拉合作新时代。2018 年底，二十国集团（G20）领导人峰会于 11 月 30 日至

12 月 1 日在阿根廷首都布宜诺斯艾利斯举行。中国国家主席习近平出席。峰会以 "为公平与可持续发展凝聚共识" 为主题，围绕世界经济形势、贸易和投资、数字经济、可持续发展、基础设施和气候变化等议题深入交换意见，达成广泛共识。

近年来，国家主席习近平先后三次访问拉美，巴拿马、多米尼加、萨尔瓦多先后同中国建交，中国在拉美的 "朋友圈" 不断扩大，"一带一路" 延伸到拉美。已有 11 个拉美国家与中国签订了共建 "一带一路" 合作谅解备忘录。[①] 中国同 10 多个拉美国家建立了战略伙伴关系。"中拉命运共同体" 赋予了中拉关系新方向，实现了新突破，进入了新的历史发展时期。

一 拉丁美洲：研究主体及其特征

随着中拉关系日益密切，大批各领域的优秀学者开始将目光集中在拉丁美洲这片广袤的土地上，拉丁美洲逐渐成为国内的研究热点。但在实际中我们会发现，对拉丁美洲的 "北美洲"、"中美洲"（Central America）、"中部美洲"（Mesoamerica）、"南美洲"、"加勒比地区" 等概念的理解，仍存在一定的误区，混淆误用的事例时常可见。因此，有必要厘清拉丁美洲这一研究主体的历史渊源、内涵及使用语境。

美洲大陆从进入世人视野到被世人所知是一个循序渐进的过程，在 "美洲" 的历史文化概念中，有三个重要的历史节点。①1492 年，在西班牙天主教国王夫妇的资助下，意大利航海家哥伦布最早到达美洲这片仍未被世界所知的大陆。然而，富庶的东方古国印度才是哥伦布最初的指向地，由于从欧洲到东方的航路被截断，他希望通过向西航行开辟新商道。哥伦布把美洲大陆误作印度，称美洲为 "西印度"（Indias Occidentales），那里的居民被称为 "印度人"（Indios）[②]。美洲正式进入历史舞台的开端，对此后美洲与欧洲大陆

---

① 巴拿马、特立尼达和多巴哥、苏里南、安提瓜和巴布达、玻利维亚、圭亚那、乌拉圭、哥斯达黎加、多米尼加、智利、厄瓜多尔。

② 虽然美洲大陆早已作为新大陆被世人所知，但这一历史误会仍在西班牙语的构词法中有所体现。由于西班牙语中 "Indios" 一词已经被用以称呼美洲的印第安人，只能使用另一个词 "Indués" 用以指称印度人。

间的历史性关联产生了不可忽视的因果作用。②此后的 1501～1503 年，更多航海家陆续来到美洲。其中，意大利航海家亚美利哥·韦斯普奇首先发现哥伦布"西印度"的乌龙，历史上第一次把美洲定义为"新大陆"。③1507 年，德国教师马丁·瓦尔德塞弥勒在教学中绘制了球状世界全图，第一次用"亚美利加"命名美洲大陆。

而"拉丁"一词在不同的语境中具有不同的含义和指向。它来自意大利语"Lazio"，最初是指意大利半岛的一个区域，是古罗马和古拉丁文明的发祥地。随着罗马帝国的统治，其涵盖范围不断扩大。罗马帝国在军事扩张的同时，完成了帝国疆域内通俗拉丁语的传播和普及，因此这个区域被称为"拉丁语族地区"。当时大部分的航海家来自欧洲的西班牙、葡萄牙、意大利、法国等拉丁语地区国家，他们在抵达美洲时也把拉丁语族地区的语言、宗教、文化、习俗带到了美洲，进而将拉丁语区天主教会的影响范围从地中海地区扩展到了新大陆。此后，英语和荷兰语也随着印欧语系的航海家传入美洲，因此，在整个美洲存在五大语言文化区，即西班牙语语言文化区（包括 18 个国家）、葡萄牙语语言文化区（巴西）、英语语言文化区（包括 12 个国家）、法语语言文化区（包括海地及法属岛屿）、荷兰语语言文化区（包括苏里南和荷属岛屿）。拉丁美洲研究的对象是与"拉丁"相对应的美洲区域。

因此，从世界地理角度上看，拉丁美洲北起墨西哥和美国交界的格兰德河，南至火地岛，面积 2222.2 万平方公里，至 2018 年人口数量达 62600 万人；① 包括北美洲、中美洲、南美洲、加勒比地区。在自然地理方面，拉丁美洲拥有多项"世界之最"：全世界水量最大的河流——亚马孙河，世界上面积最大的平原——亚马孙平原，世界上最大的热带雨林——亚马孙热带雨林，以及世界上海拔最高的淡水湖之一——的的喀喀湖等。

从文化视角，可以列出伊比利亚美洲（原西班牙和葡萄牙殖民地区）、西班牙美洲（美洲西班牙语国家）、印第安美洲（美洲土著文化区域）、阿非利加美洲（美洲的非洲黑人文化区）、中部美洲（墨西哥中南部和中美洲地区的古文化区域）等概念。文化视角下的拉丁美洲，即受拉丁语族辐射的区域，包括 20 个

---

① "América Latina"，https：//es. wikipedia. org/wiki/América_ Latina.

独立的国家和 7 个尚未独立的地区。[①]

在整个美洲的西班牙语语言文化区、葡萄牙语语言文化区、英语语言文化区、法语语言文化区、荷兰语语言文化区五大语言文化区中，拉丁美洲研究的对象是与"拉丁"相对应的美洲区域，即拉丁美洲国家大致可以分为以下几个区域：以西班牙语为官方语言的区域和西班牙语虽为非官方语言但是重要使用语言的区域，以法语为官方语言的区域和法语虽为非官方语言但是重要使用语言的区域，以及以葡萄牙语为官方语言的区域。

随着中拉关系进一步深化发展，在进行拉丁美洲的研究时还有另外值得我们特别关注的方面。安第斯山脉及其周边地区，以其悠久的历史、丰富的矿藏、极具特色的文化元素在拉丁美洲研究中占有重要地位。拉丁美洲的矿产资源极其丰富。其中，委内瑞拉拥有世界上最大的已知石油储量，是世界上主要的石油出口国之一；委内瑞拉、阿根廷、巴西拥有天然气资源 3 万多亿立方米；巴西、委内瑞拉等国已探明铁矿石储量超过 1100 亿吨。拉丁美洲拥有铜、铝、金、银、钻石、绿宝石等多种珍稀资源。国际货币基金组织的数据显示，在 21 世纪前 10 年，拉丁美洲的特立尼达和多巴哥、玻利维亚、智利和厄瓜多尔的自然资源出口都占本国出口的贸易的 50% 以上。在原材料和农产品方面，拉丁美洲同样占有举足轻重的地位。随着"一带一路"建设的进一步深化，拉丁美洲地区的许多农业和渔业产品如三文鱼、车厘子、咖啡、蔗糖等已经进入中国市场，成为中拉贸易发展的重要成果之一。丰富的自然资源以及原材料和农产品贸易成为中国与拉美经济合作的重要部分。

二　大数据：国内拉丁美洲研究的发展历程及成果

中国虽距拉丁美洲国家万里之遥，但与拉美的交往和对拉美的系统性研究从新中国成立之初就开始了。1959 年，古巴革命的胜利对拉美各国的民族民主运

[①] 独立的国家：阿根廷、玻利维亚、巴西、智利、哥伦比亚、哥斯达黎加、古巴、厄瓜多尔、萨尔瓦多、危地马拉、海地、洪都拉斯、墨西哥、尼加拉瓜、巴拿马、秘鲁、巴拉圭、多米尼加、乌拉圭、委内瑞拉。尚未独立的地区：法属圭亚那、瓜达洛普、马提尼克、波多黎各、圣彼德罗伊米盖隆、圣马丁、圣巴尔托罗美。

动发展和国际政治关系产生了重要影响。1960 年 9 月，中国和古巴建交，古巴成为与新中国建交的第一个拉丁美洲国家。1961 年，中国社会科学院拉丁美洲研究所成立。1964 年，在毛泽东主席关于加强国际问题研究的指示下，中国知识界开始高度关注对拉美历史和现状的研究，陆续建立起南开大学拉丁美洲史研究室、复旦大学拉丁美洲研究室、武汉师范学院（现湖北大学）巴西史研究室等科研机构。20 世纪 70 年代，随着中美关系的解冻以及中国在联合国合法地位的恢复，中国和拉丁美洲建交的国家数量逐步增长。1979 年 12 月"中国拉丁美洲史研究会"成立，开始组织全国从事拉丁美洲史的教学科研人员开展拉美史学研究。20 世纪 70～80 年代，拉丁美洲国家逐渐开始政治民主化和经济自由化改革。而 90 年代中国的改革开放不仅是中国经济现代化的起点，也成为中拉交往并探索不同发展模式的新起点。

当下，国内学界对拉丁美洲的研究已经初具规模，取得了一些比较重要的研究成果。从发表的论文数量上来看，在中国知网输入"拉美研究"，我们共检索到 7102 篇文献，[①] 其研究范围覆盖了拉丁美洲历史、政治、经济、文化等多个方面。[②] 图 1 显示了文献发表年度的整体情况。

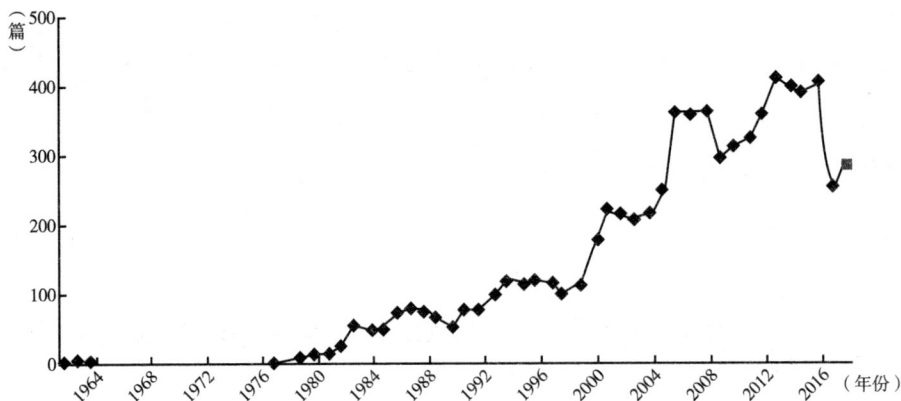

图 1　中国知网拉美研究相关论文发表总趋势

---

① 截至 2018 年 9 月 10 日。
② 检索条件：主题 = 拉美研究，题名 = 拉美研究（模糊匹配），专辑导航：全部；数据库：文献检索，跨库。若无特别说明，本文的图表数据来自中国知网数据库"计量可视化分析——检索结果"。

由图 1 可知，中国知网上收录的中国有关拉丁美洲研究最早的文章发表于20 世纪 60 年代，这个起点与我们上文提到的中国与拉美国家建交及拉美研究机构成立在时间上是吻合的，同时也与国内高校为适应新的外交政策开始正规西班牙语专业教学的时间重合。图 1 显示，1964 年前有关拉丁美洲的文献资料只有 3篇，在1966～1976 年的十年空白之后，从 1977 年开始以低缓的态势逐步增加。2000 年论文发表数量第一次超过了 200 篇。之后，文献发表数量总体上升的趋势开始加快，反映了随着中拉关系的全面深化，国内对拉丁美洲的研究进入了"百花齐放"时期。而进入 21 世纪以来，近 18 年发表的文献数量远远超越过去近 40 年的总和。

如果将我们检索到的 7102 篇文献资料按照类别进行分类的话，大致的分布情况如图 2 所示。

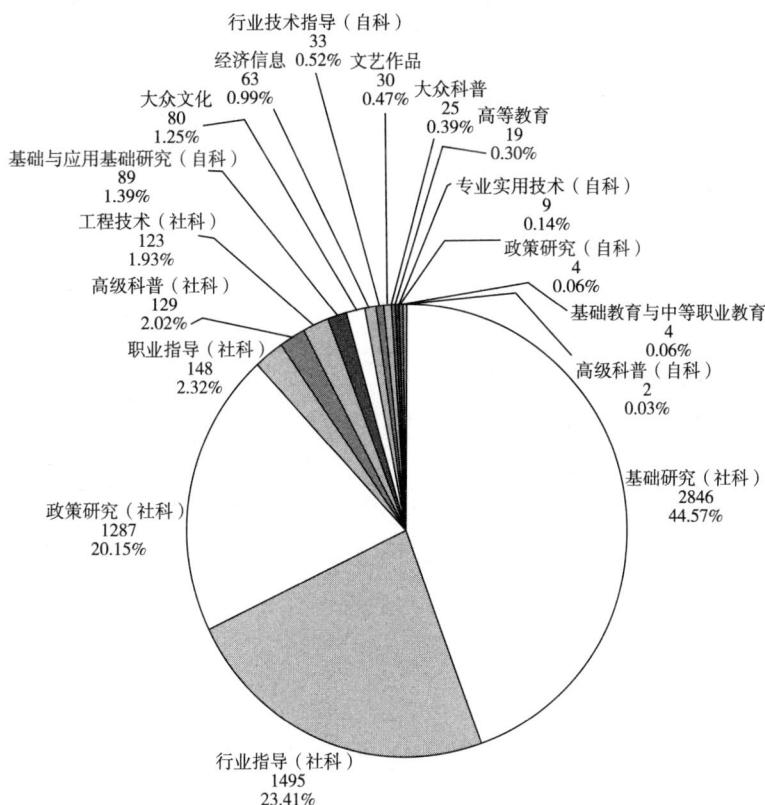

图 2 拉美研究重点方向分布

从图 2 中可以看到，国内的拉丁美洲研究以社会科学领域的基础研究为主，占比 44.57%，其次是进出口贸易等行业指导方面及政策研究方面，这三个方面共占据了全部文献的 88.13%。其他方面，如大众文化、经济信息、文艺作品、高等教育等的占比偏小。由此可知国内拉丁美洲研究的重点、热点和欠缺之所在，以更好地为后续的研究者提供研究方向上的指引。目前国内在拉丁美洲研究的广度上还有待进一步开拓，我们对拉丁美洲整体情况的了解还存在许多盲点，仍有空白有待填补。

将以上文献资料按照文献作者及发布机构情况进行统计，具体的分布情况如图 3 所示。从图 3 可以看到，中国社会科学院拉丁美洲研究所在论文发表的数量上遥遥领先，而国内高校也是拉美研究相关文献的重要产出地。中国社会科学院拉丁美洲研究所是目前国内最大的从事拉丁美洲政治、经济、社会文化、对外关系研究的综合性研究机构，是中国拉美研究的主要阵地和国际拉美研究学术交流的重要平台。

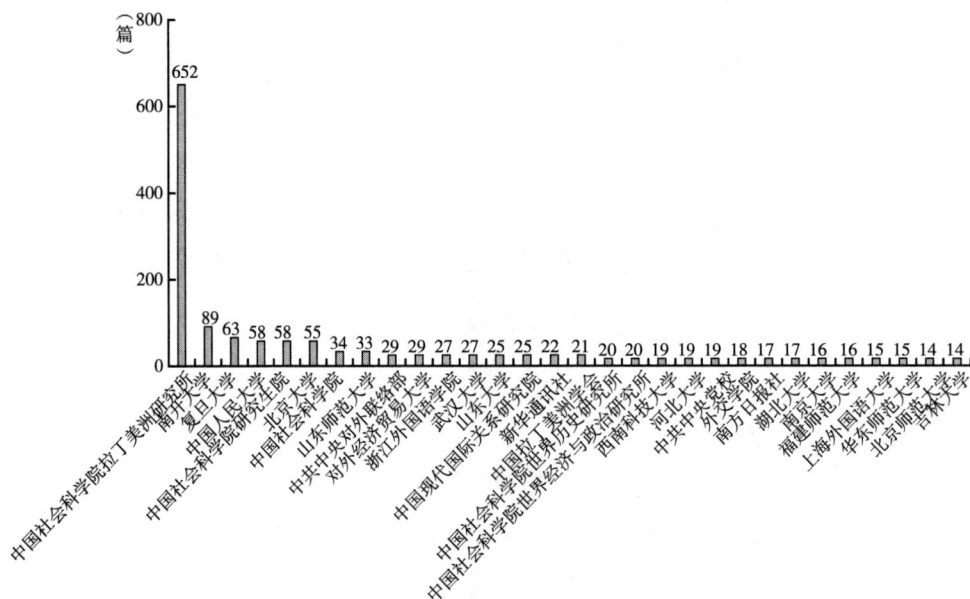

图 3　拉美研究文献科研机构分布

若从文献发表获得的基金来源区分，我们可以看到，在国家层面，国家社会科学基金为国内拉丁美洲研究提供了坚实的资金保障；其次是国家自然科学基金、中国博士后科学基金和国家留学基金，它们也为拉丁美洲的研究工作提供了有力的支持。其他还包括一些地方性的基金项目，如浙江省软科学研究计划、陕西省教委基金、上海市重点学科建设基金、江苏省教育厅人文社会科学研究基金等，可以为后续研究者发表论文申请基金支持提供指引和参考。

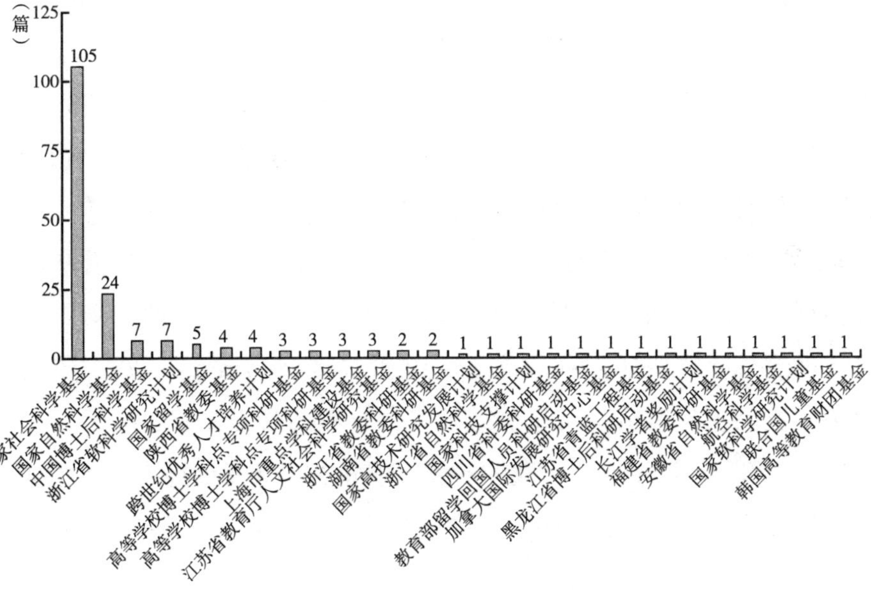

图 4　拉美研究基金分布单位

三　国内拉美研究的主要领域

对国内拉丁美洲研究的文献有了总体了解之后，再来分析一下目前国内拉丁美洲研究聚焦的领域及代表性作品。发表的文献从分布领域看，数量最多的是关于拉美经济方面的，这也从侧面印证了在中国经济市场化改革进程中，国内相关学者十分关注拉美经济发展。而紧随经济体制改革的中国政治体制改革，也使得拉美政治体制成为国内学者关心的话题。随着近年来中国和拉美外交关系的日益密切，中拉关系越来越多地成为国内学者研究的对象。另外，中国与拉丁美洲商业贸易往来、官方和民间日益密切的文化交往，也使矿业能源、金融贸易、地区安全、拉美文学、拉美文化、拉美历史和拉美风俗等内容成为研究的热点。

在每个主要领域，笔者选取了五篇①文章作为例子，说明如今国内拉美研究的主要方向及其研究成果。

拉美经济领域：①《改革与发展失调——对拉美国家经济改革的整体评估》（苏振兴，《拉丁美洲研究》2003 年第 6 期）；②《一分为二看待拉美的经济改革》（徐世澄，《拉丁美洲研究》2004 年第 6 期）；③《美洲开发银行论拉美经济改革》（江时学，《拉丁美洲研究》1998 年第 2 期）；④《论拉美国家的发展模式转型与发展困境》（杨万明，《拉丁美洲研究》2006 年第 6 期）；⑤《拉美经济改革与拉美化——基于产权视角的解析》［庞建刚、张贯之，《西南科技大学学报》（哲学社会科学版）2012 年第 3 期］。

拉美政治体制：①《全球治理：拉美的作用及中拉互动的政治基础》［贺双荣，《西南科技大学学报》（哲学社会科学版）2017 年第 5 期］；②《理解拉美主要国家政治制度的变迁》（袁东振，《世界经济与政治》2017 年第 10 期）；③《"第三波民主化浪潮"后拉美政治发展进程的特点》（江时学，《国际政治研究》2009 年第 1 期）；④《拉美国家治理模式与政治风险》（王鹏、魏然，《拉丁美洲研究》2013 年第 5 期）；⑤《拉美政治经济格局变动对中拉关系的影响》（袁东振，《中国国情国力》2013 年第4 期）。

中拉关系研究：①《构建中拉"命运共同体"：必要性、可能性及挑战》（贺双荣，《拉丁美洲研究》2016 年第 4 期）；②《中国对拉美大国的外交战略逻辑》（范和生、唐惠敏，《人民论坛·学术前沿》2016 年第 8 期）；③《中拉关系的发展对中美关系的影响——从美国政策的角度分析》（魏红霞、杨志敏，《拉丁美洲研究》2007 年第 6 期）；④《中拉关系正在"升级换代"》（吴洪英，《现代国际关系》2015 年第 2 期）；⑤《国际格局的变化与中拉关系的可持续发展》（王萍、王翠文，《拉丁美洲研究》2014 年第 1 期）。

能源矿业研究：①《拉美能源资源产业发展及中拉合作建议》（张勇，《国际经济合作》2015 年第 8 期）；②《拉美能源外交与地缘战略的实证分析》（万

---

① 本文选取的文章主要结合文章的影响因子、引用率等因素。排名不分先后。

瑜,《复旦国际关系评论》2016 年第 1 期);③《拉美油气投资环境:政策、市场及风险》(孙洪波,《国际石油经济》2014 年第 Z1 期);④《拉美能源资源的利用和能源工业的发展》(魏红霞,《拉丁美洲研究》1998 年第 4 期)⑤《国际能源变局下的拉美能源形势及其应对》(王双,《世界经济与政治论坛》2014 年第 1 期)。

金融贸易领域:①《拉美自贸协定中贸易便利化水平测度——以哥伦比亚为例》[柴瑜、郑猛,《南开学报》(哲学社会科学版)2016 年第 2 期];②《拉美贸易便利化对中国出口影响的实证分析》(孔庆峰、董虹蔚,《拉丁美洲研究》2015 年第 4 期);③《中拉贸易摩擦分析——拉美对华反倾销形势、特点与对策》(岳云霞,《拉丁美洲研究》2008 年第 6 期);④《论 20 年来拉美四次金融危机及对我国的启示》(孙立、秦婷婷,《东北师大学报》2004 年第 4 期);⑤《拉美国家金融开放度研究》(柴瑜、李圣刚,《拉丁美洲研究》2013 年第 4 期)。

地区安全领域:①《拉美地区的安全形势与安全合作》(徐世澄,《拉丁美洲研究》2003 年第 4 期);②《从农业补贴视角浅析拉美粮食安全与农业改革》(张勇,《拉丁美洲研究》2011 年第 3 期);③《政府在利用外国直接投资与维护国家经济安全中的地位和作用——东亚和拉美比较分析》(刘忠华、崔健,《中共南京市委党校南京市行政学院学报》2005 年第 4 期);④《拉丁美洲在中国经济安全战略中的地位(拉美形势报告节选)》(江时学,《战略与管理》1999 年第 2 期);⑤《拉美国家出口农产品供应链质量安全管理经验及启示——以巴西、阿根廷、智利为例》(苟建华,《生物技术世界》2014 年第 12 期)。

拉丁美洲文学:①《从政治书写到形式先锋的移译——拉美"魔幻现实主义"与中国当代文学》(滕威,《文艺争鸣》2006 年第 4 期);②《中国对拉美的文化传播:文学的视角》(楼宇,《拉丁美洲研究》2017 年第 5 期);③《新时期中国文学与拉美"爆炸"文学影响》(吕芳,《文学评论》1990 年第 6 期);④《论拉丁美洲后现代主义文学的独特性》(归溢、胡全生,《当代外国文学》2017 年第 3 期);⑤《〈当代美国拉美裔文学研究〉:族裔文学研究的开拓性著作》(郭继德,《外国文学研究》2016 年第 3 期)。

拉丁美洲历史:①《试析拉美"21 世纪社会主义"的历史源流及其本质》

（贺钦，《当代世界与社会主义》2015 年第 3 期）；②《中国拉丁美洲史研究回顾》（王晓德、雷泳仁，《历史研究》2000 年第 5 期）；③《发展中拉关系与拉美史学科建设》（洪国起、韩琦，《拉丁美洲研究》2009 年第 S2 期）；④《对我国拉美史研究现状与问题的若干思考》（冯秀文，《史学月刊》2007 年第 1 期）；⑤《当代视野下的拉美史学新探索——近 10 年来我国拉美史研究概述》（林被甸，《世界历史》2005 年第 3 期）。

从以上信息看，目前国内的拉美研究已经初具规模，在研究领域的广度和深度上有了很大的发展和进步，无论是拉美研究学者的自身水平还是国内拉美研究的大环境都在不断提升。尽管未来还有很长的路要走，但相比于 20 世纪 60 年代，如今国内的拉美研究已经迈出了很大的步子。

我们再看看研究成果的学科分布情况。图 5 显示，研究成果占比前五位的分别是经济体制改革（24.01%）、中国政治与国际政治（22.46%）、工业经济

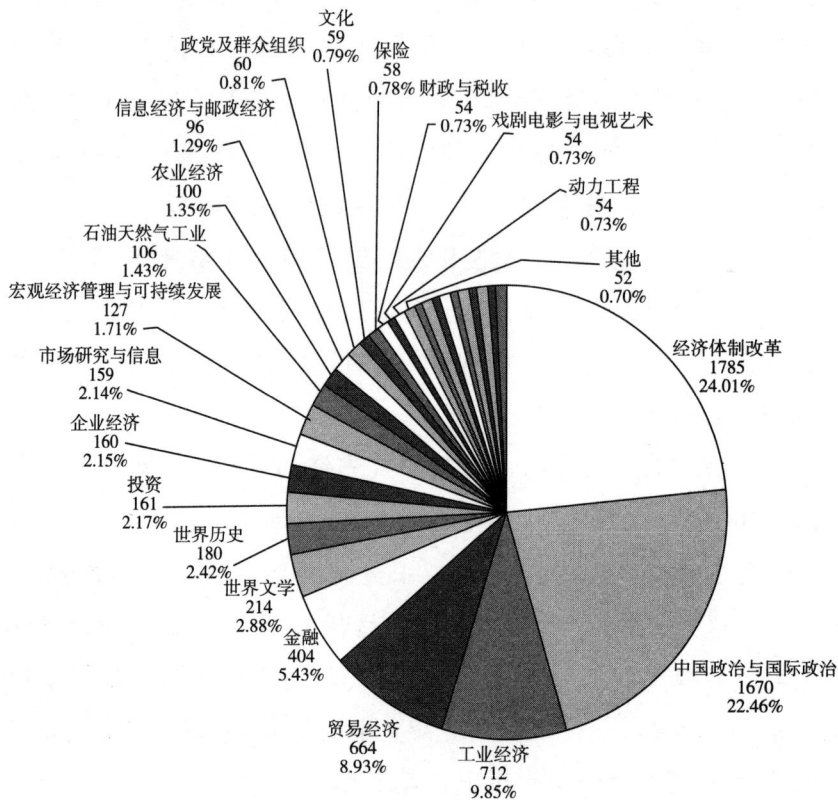

图 5　拉美研究学科分布

（9.85%）、贸易经济（8.93%）和金融（5.43%）。说明政治和经济依然是目前拉美研究工作者们更为关注的领域；而与文学和文化相关的世界文学和世界历史仅排在第六位和第七位，这恰恰是目前国内高校教师和学者大有可为的领域，相信日后会有更多的文章涌现出来。

从拉美研究文献的关键词来看，如图6所示，从"金融危机""经济改革""中国""美国""新自由主义""债务危机""经济增长""现代化""美元化"等热门关键词中可以看出，目前对拉丁美洲的研究还是比较侧重与政治、经济形势相关的热点话题。一些拉丁美洲比较具有代表性的词语，如"魔幻现实主义"等，也说明了拉美文学在世界上引人注目的地位。事实上，拉美文学也不只有魔幻现实主义，在加西亚·马尔克斯之外，在经济和政治领域之外，拉丁美洲还有很多在文学和文化上独具特色的内容有待我们进行探索和研究。

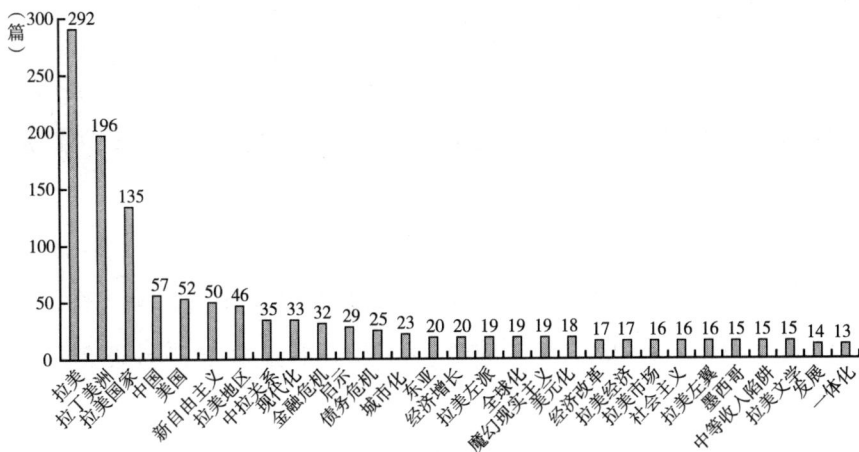

图6 拉美研究关键词

四 拉美研究媒介：国内主要期刊和报纸

分析上述拉美研究文献发表的媒介，可以注意到发表媒介呈现出多元化趋势。诚然，如今新媒体、自媒体已经成为大众传播的主要渠道之一，但新媒体的传播更多的是碎片式的信息，本文主要介绍和分析传统媒介的情况。目前在国内主要的拉美研究传统媒介发表文献的数量及占比情况如图 7 所示。

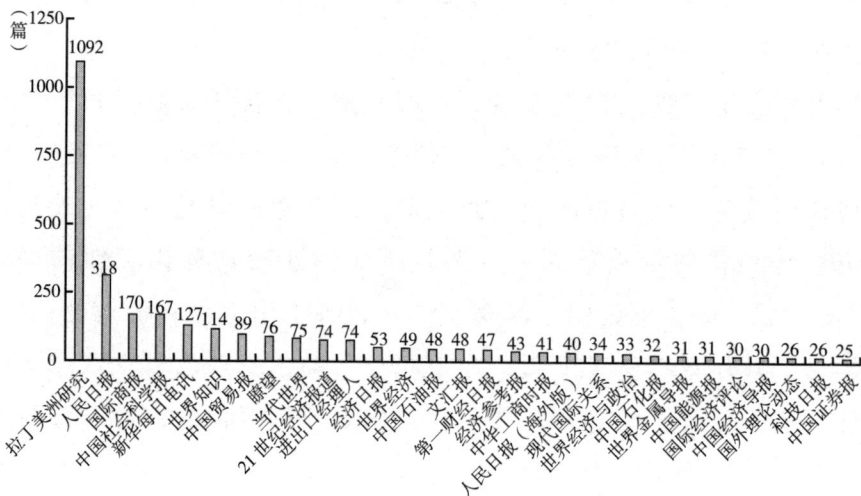

图 7　拉美研究传统媒介文献分布

可以看出，在期刊、报纸等众多的传统媒介中，《拉丁美洲研究》是重要的阵地，发表文章数量遥遥领先，超过千篇，对拉美研究做出了巨大贡献。《人民日报》、《国际商报》、《中国社会科学报》、《新华每日电讯》、《世界知识》、《中国贸易报》、《瞭望》、《进出口经理人》、《21 世纪经济报道》、《当代世界》、《经济日报》、《中国石油报》和《世界经济》等都是拉丁美洲研究的主要发表媒介。

将以上媒介根据学术期刊、报纸和非学术期刊三类进行分类整理，主要学术期刊包括《拉丁美洲研究》、《世界知识》、《当代世界》、《世界经济》、《现代国际关系》、《世界经济与政治》、《国外理论动态》和《国际经济评论》等；主要报纸包括《人民日报》、《人民日报》（海外版）、《国际商报》、《中国社会科学报》、《新华每日电讯》、《中国贸易报》、《21 世纪经济报道》、《经济日报》、《中国石油报》、《文汇报》、《第一财经日报》、《经济参考报》、《中华工商时报》、《中国石化报》、《世界金属导报》、《科技日报》和《中国证券报》等；主要非学术期刊包括《瞭望》和《进出口经理人》等。这些目前国内拉美研究成果的主要园地，可供国内拉丁美洲研究工作者参考，我们也期待未来能在这些媒介中看到越来越多的拉美研究工作者的成果。

五　拉美研究发展前景展望

进入 21 世纪，中国与拉丁美洲重要的伙伴关系更为密切，交往更加频繁，这对双方都提出了要求，拉美要更多地了解中国，中国也要更好地了解拉美。目前中国与拉美合作的几个重点区域分别是美国南部和墨西哥、加勒比地区和南锥体国家①，覆盖了大部分拉丁美洲国家。

习近平主席曾多次强调拉美对中国的重要意义。2013 年，习近平主席在墨西哥参议院发表演讲时指出："当前，中拉关系正处于快速发展的重要机遇期。我们应该登高望远、与时俱进，巩固传统友谊，加强全方位交往，提高合作水平，推动中拉平等互利、共同发展的全面合作伙伴关系实现新的更大发展。"② 2014 年，习近平主席在巴西国会发表演讲时说："进入 21 世纪以来，中拉关系全面快速发展，给双方人民带来了实实在在的好处。新形势下，全面推进中拉互利友好合作是双方人民共同期待。中方愿意同巴西及其他拉美和加勒比国家一道努力，使双方成为志同道合的好朋友、携手共进的好伙伴。……团结协作、发展振兴是拉美人民薪火相传的梦想。中国梦和拉美梦息息相通。中拉双方要勇于追梦、共同圆梦。"③ 同年，在出席中国—拉美和加勒比国家领导人会晤时，习近平主席提出了构建中拉关系"五位一体"的新格局："中拉关系正处于历史最好时期，站在了新的历史起点上。中拉深化全面互利合作面临更好机遇、具备更好基础、拥有更好条件，完全有理由实现更大发展。在此，我提议，通过这次会晤，共同宣布建立平等互利、共同发展的中拉全面合作伙伴关系，努力构建政治

---

① 南锥体国家指南美洲位于南回归线以南的地区，是南美洲经济最为发达的地区。狭义的南锥体国家包括阿根廷、智利和乌拉圭三国，广义上也包括巴拉圭和巴西的南里奥格兰德州、圣卡塔琳娜州、巴拉那州、圣保罗州。

② 《习近平在墨西哥参议院的演讲：促进共同发展　共创美好未来》，"习近平重要系列讲话数据库"，中国共产党新闻网，2013 年 6 月 7 日，http：//jhsjk. people. cn/article/21770184。

③ 《习近平在巴西国会的演讲：弘扬传统友好　共谱合作新篇》，"习近平重要系列讲话数据库"，中国共产党新闻网，2014 年 7 月 18 日，http：//jhsjk. people. cn/article/25296593。

上真诚互信、经贸上合作共赢、人文上互学互鉴、国际事务中密切协作、整体合作和双边关系相互促进的中拉关系五位一体新格局。"① 2016 年 11 月 21 日，习近平在秘鲁国会题为《同舟共济、扬帆远航，共创中拉关系美好未来》的演讲中指出："进入新世纪，中拉关系实现跨越式发展"，"拉美成为仅次于亚洲的中国海外投资第二大目的地"。②

"跨越式发展"给 21 世纪的拉美研究指明了方向，也对中国的拉美研究工作者提出了新的要求和挑战，我们对拉美的认知和研究不能仅仅停留在表面，而是要对拉美进行更为广泛、更为深入的研究。在中拉进一步拓宽、深化合作的时代背景下，中国的拉美研究任重道远。在未来的发展过程中，拉丁美洲研究者和教育工作者还需在开拓性、系统性、融通性以及以研究性为导向的教学活动中，处理好六个方面的关系。

一是系统性与连贯性的关系。目前国内的拉丁美洲国别研究还须摒弃"头痛医头、脚痛医脚"式的割裂性研究，这种研究方法往往在系统性和深度上有所欠缺。管中窥豹，缺乏一定的体系性和连贯性，会导致研究成果的片面性和短期性。如果研究者本身缺乏对拉美洲整体性的认识和分析，在咨政类文章或者报告中，会导致在结论上产生偏差。政治热点，比如领导人的出访、重要协议的签署或国际会议的召开，会引发对某个国家一时的研究热潮，但来得快去得也快的跟踪，对单一国家或事件的功利性热度，很难对拉丁美洲不同国家或事件之间的关系、对整个拉美局势投以全局性视野，无法融会贯通地透彻分析问题的前因后果，更遑论从内在关系、整体局势方面提出更为完善的观点和建议了。

二是文化嬗变与经济特征的关系。对拉丁美洲的研究不能忽略文化与经济之间的密切联系。文化是无处不在的，在某种程度上，经济与文化是相通的，二者具有共生性。正如拉美投资者来中国进行贸易的过程中，势必会遇到很多文化方面的问题，反之亦然。因此研究应该注重文化嬗变与经济特征的关系，使发展经

---

① 《习近平：努力构建携手共进的命运共同体》，"习近平重要系列讲话数据库"，中国共产党新闻网，2014 年 7 月 19 日，http：//jhsjk. people. cn/article/25301723。

② 《习近平在秘鲁国会的演讲》，"习近平重要系列讲话数据库"，中国共产党新闻网，2016 年 11 月 22 日，http：//jhsjk. people. cn/article/28887393。

济与文化互鉴同步。文化研究和经济研究永远不是孤立的两个个体，对其中任何一方的忽略，都会导致研究方向的偏差，从而得出片面的结论。

三是古代文明与现代发展的关系。拉丁美洲古代文明对拉美国家政治、经济、文化发展演变的影响和烙印是不可低估的。古代历史文明的发展轨迹，势必对一个民族现今的行为模式、民族心理、文化选择和国家决策等方面产生影响。比如，拉丁美洲印第安文明中古老的玛雅文明、阿兹特克文明和印加文明等，其单质性、差异性和特殊性特点，会反映在后世拉美不同地区人们的身上。这种根植于拉丁美洲人民血液之中的古代文明的特点，是我们在进行当代拉美研究时不可忽视的内容。了解其古代文明，在很大程度上有利于我们更好地解释拉美在现代发展中出现的问题及采取的解决方案，从而更好地与之进行交流与合作。

四是语言地域与国际组织的关系。国际组织是一种新型的国家合作形式，其根本目的在于加强成员之间在政治、经济或文化上的联系与合作。国际组织之间会形成一种呼应、合作甚至衍生的关系。语言地域因素对国际组织的形成、组织形式、运行机制、成员吸纳、演化变迁等方面往往具有较大的影响。在研究拉丁美洲地区的国际组织过程中，应看到语言地域因素的重要作用，了解国际组织对相应成员的经济、政治和文化发展的促进作用。与拉美国家有关的重要国际组织如表1所示。

表1　与拉美国家有关的重要国际组织

外文简称	中文名称
LAIA	拉美一体化协会
ALBA	美洲玻利瓦尔联盟
Alianza del Pacífico	拉美太平洋联盟
APEC	亚太经合组织
BID	美洲开发银行
CAN	安第斯共同体
CARICOM	加勒比共同体
CELAC	拉美和加勒比国家共同体

续表

外文简称	中文名称
CEPAL	联合国拉丁美洲和加勒比经济委员会
CLACSO	拉丁美洲社会科学理事会
FAO	联合国粮食及农业组织
FLAR	拉丁美洲储备基金组织
FLACSO	拉丁美洲社会科学院
G3	墨西哥、哥伦比亚、委内瑞拉自由贸易
MERCOSUR	南方共同市场
TLCAN	北美自由贸易协定
OECD	经济合作与发展组织
PARLATINO	拉丁美洲议会
SICA	中美洲统合体
UNASUR	南美国家联盟

五是教育发展与文化传承的关系。基础教育和高等教育的发展情况与如今拉美文化状况的关系也是密不可分的，研究时不能割裂开来。我们仅以拉丁美洲文学研究为例，它不仅仅有"魔幻现实主义"。事实上，从古印第安文学到殖民地时期模仿中的创造，从独立运动时期民族文学的诞生到 20 世纪后民族文学的繁荣与创新，再到如今异彩纷呈的拉丁美洲当代文学，这些领域的研究都大有可为。21 世纪初全球互联网评选出的"20 世纪西班牙语经典小说排名"中，排在前十位的西班牙语作品有：①《百年孤独》（加西亚·马尔克斯，1967，哥伦比亚）；②《帕斯库亚尔·杜阿尔特一家》（卡米洛·何塞·塞拉，1942，西班牙）；③《霍乱时期的爱情》（加西亚·马尔克斯，1985，哥伦比亚）；④《天堂的影子》（阿莱克桑德雷，1944，西班牙）；⑤ *Un día en la vida*（阿格塔，1980，萨尔瓦多）；⑥《跳房子》（科塔萨尔，1963，阿根廷）；⑦《阿尔特米奥·克罗斯之死》（富恩特斯，1962，墨西哥）；⑧《芦苇和泥塘》（伊巴涅斯，1902，西班牙）；⑨《城市与狗》（巴尔加斯·略萨，1963，秘鲁/西班牙）；⑩《马克思与裸女》（阿多姆，1976，厄瓜多尔）。让人惊讶的是，在这十部西班牙语经典作品中排名第 5 位的阿格

塔的 *Un día en la vida* 在国内尚无中译本。国内很多译者和研究者都把目光投向加西亚·马尔克斯、巴尔加斯·略萨，而有些经典作品尚无人涉及。仅在文学一处中国对拉美的研究尚有空白，整个拉丁美洲的文化研究对国内学者来说更是大有可为了。

六是社会变革与意识形态的关系。拉美在 20 世纪一直处于社会变革阶段，意识形态的选择、国家发展道路的确定一直是各界关注的焦点，社会变革与意识形态之间的关系对我们完整深入地了解拉丁美洲是必不可少的。拉丁美洲的社会变革为社会学提供了充足的研究样本。不同时期的拉丁美洲革命在人类发展进程中占有举足轻重的地位，堪称人类政治的实验室，人们的创造力和自觉力得到了充分的张扬和展现，而这种变革的力量促进人类对意识形态的认识和选择。在全球人类历史的车轮中，人们始终不曾踽踽独行。

随着中拉关系的密切发展，目前中国很多地区设立了拉美研究中心/研究室/研究院，开设西班牙语和葡萄牙语专业教学的高校已逾百所。曾经"冷门"的拉美研究逐渐成了"热门"。从事拉美研究和教学的工作者人数逐年增加。我们迫切需要形成一种健康而良性循环的拉美研究交流机制和学术氛围，拿出高质量的研究成果来为国所用。更多的开拓性、系统性、融通性以及研究导向性教学研究，会使中国更多的拉美研究中青年学者成长为骨干力量，中国的拉美研究将得到进一步全面持续的发展，形成中国自己成熟的拉美学派。

（责任编辑：杨阳）

Latin American Studies in Modern China

Yu Man

Abstract：As the international economic and political landscape evolve, enhancing interactions and exchanges between China and Latin American countries are getting increasingly important. Considering the current international situation, deepening Latin American studies is of great significance for China's development. However, compared with other countries and regions in the world, there is much room for improvement for China's Latin American studies in terms of the number of researchers, research results, research depth and width, and publication channels. Based on the development of Latin American studies in China and research statistics including research fields, research focuses and void, and the publication channels of research results, this thesis uses the big data analysis method to overview the overall situation and development trends of Latin American studies, aiming to spot problems that require further thinking and discussions, provide insights into future research trends and give advice on research directions for China's researchers and professors to explore new approaches in Latin American studies.

Keywords：Latin American Studies; Modern China; Research Results and Directions

坦桑尼亚新型华人社区的社会互动：
以"S"社区为例

马　骏

【摘　　要】不同社区之间的社会互动会促进其相互理解，这种持续的互动也有助于调整与重塑社区的自我认知和定位。本文实地调研了坦桑尼亚的一个华侨社区，从三个方面介绍了华侨作为少数群体，通过经济活动和社区生活与坦桑尼亚社会互动的现状，得出以下结论：建立以餐饮服务为基础的新华侨社区，是华侨与坦桑尼亚社会互动过程中的必然选择。华侨在饮食文化的基础上协力形成了一种新型的社区，并通过经济活动与坦桑尼亚主流社会互动。在这种互动过程中，它的组织形式也在不断变化，但通常趋于稳定并不断升级。通过与不同社会群体的互动，目标社区的华侨对主观社会和社区本身有了新的认识。华侨与坦桑尼亚主流群体在互动过程中的矛盾引起的社会关系紧张是少数群体与主流社会交往中的阶段性矛盾，根据这种矛盾的严重程度，以"S"社区为代表的新华侨社区组织将不断调整与主流社会的互动方式，除主流社区外也与其他群体保持社会互动将成为新华侨的长期互动模式。

【关 键 词】坦桑尼亚　新华侨　社会互动　文化冲突

【作者简介】马骏，上海外国语大学东方语学院斯瓦希里语专职教师，研究方向为东非文学、社会学。

随着"一带一路"建设的推进，中国增加了对外投资，以国有企业为主力。受到相关政策宣传影响，民间资本也逐渐走出国门。在此背景下，坦桑尼亚迎来了第三波中国海外投资热潮。与大型国有企业的员工不同，个人投资者通常选择在坦桑尼亚扎根以进行长期的商业活动。目前，坦桑尼亚华侨华人数目为 3 万 ~ 5 万人，并且逐年增加。除大型国有企业职工和援助专家组的员工外，坦桑尼亚境内的华侨人数为 1 万 ~ 1.5 万人。事实上，随着近年来经济的发展，这个数字还在上升。

然而，当个人投资者抵达坦桑尼亚时，他们的身份发生了转变，由中国的主流群体变成坦桑尼亚的少数群体。这一变化给他们在坦桑尼亚的社会互动带来了许多新问题。例如，他们既不熟悉当地的法律法规，也几乎不会说英语或斯瓦希里语，其中一些人无意中违反了法律；缺乏与当地人沟通的渠道；官僚机构中的腐败行为对这些新移民的投资活动设置了人为的阻碍。随着新华侨的到来，坦桑尼亚华侨社区逐渐形成了以餐饮服务为纽带的新型商业社区。这个新社区为新的海外华人移民提供了一个闭环的"天堂"，是新移民与坦桑尼亚主流社会之间的"缓冲"。与此同时，由于商业活动的有序开展，海外华人也与当地人进行互动，不断增进相互的了解。通过这种互动，他们不断重塑身份。这种相互作用没有特定的正面或负面意义，而是一种复杂、双向的认知重塑过程。在互动过程中，新华侨逐渐打破原有的身份，对坦桑尼亚社会和坦桑尼亚人有了新的认识，在陌生的社会环境中重新审视自己，并做出相应的调整，以确保与坦桑尼亚社会的有效互动。

关于海外华人如何与主流群体互动的研究将有助于我们客观地评估"一带一路"倡议对非洲的影响。本文的研究从中国对坦桑尼亚投资的第三次浪潮中选择一个名为"S"的坦桑尼亚新华侨社区，重点关注社区内的华侨与当地人、其他华侨和当地政府工作人员的社会互动。该研究以 2018 年 4 ~ 6 月在达累斯萨拉姆的"S"社区及其周边进行的实地调查为基础。共有 12 名华侨华人和 15 名坦桑尼亚人接受了访谈，其中 20 人接受了多次访谈。

本文主要探讨新华侨社区与当地坦桑尼亚人开展社会互动所面临的问题和挑战，并客观地反映华侨与坦桑尼亚社会的互动质量。在此基础上，本文以目标社区为例，总结了新华侨社区与当地社会的互动模式，并从坦桑尼亚经济社会变迁的角度分析了华侨华人与当地社会互动的困境。此外，我们还对新华侨社区的发展模式进行了讨论。

一　坦桑尼亚华侨的构成与发展史

第一阶段（1890~1930年）。虽然中国和坦桑尼亚在地理位置上相距甚远，但自郑和下西洋开始，两国人民开始互通往来。从达累斯萨拉姆的现存中国墓地来看，19世纪后期广东佛山和台山的中国人就已经开始在坦桑尼亚生活过很长时间（坦噶尼喀和桑给巴尔）。在德国殖民统治末期，当地开展铁路建设并从中国召集劳工，一部分华人就是以此为契机远赴坦桑尼亚。[①]

20世纪30~40年代，中国战乱，大量沿海居民出国谋生。他们中的许多人远渡重洋，穿过毛里求斯到达桑给巴尔。然而那时的海鲜生意远不如前，难以经营，所以有些人开始转向面条生产。他们将中国面条技术与当地口味相结合，做出了一种符合当地口味的面条，这成为当地华侨一种重要的谋生方式。[②] 直至今日，桑给巴尔岛上的一些中国人仍然以此为生。

第二阶段（1960~1980年）。20世纪60年代，坦桑尼亚建国。之后中国和坦桑尼亚正式建立外交关系。中国政府以国际援助的形式支持坦桑尼亚建设了许多工业基础设施，包括坦赞铁路和友谊纺织厂，并派出了数万名工业、农业和医疗技术专家。但他们只在坦桑尼亚短期任职，大部分专家在工作结束后返回了中国。[③]

第三阶段（2003年至今）。20世纪90年代以后，除了政府主导的援助项目外，中国人开始自行来到坦桑尼亚做生意和工作。特别是在2003年温家宝总理访问坦桑尼亚之后，浙江、福建的商人涌入坦桑尼亚进行批发贸易，因而坦桑尼亚华侨数量迅速增长。2013年，中国国家主席习近平访问坦桑尼亚，他与基奎特总统共同宣布了中坦联合声明，并在经贸、文化等领域签署了一系列合作协议，此举进一步加快了中国商人对当地的投资和援助步伐。目前，坦桑尼亚华侨的人数已达到3万~5万人。

从历史上看，坦桑尼亚的华侨主要分为三类。第一类是那些在20世纪60年

---

① Li Anshan, "Rooting in Africa", *World Knowledge*, Vol. 19, 2000.
② Elisabeth Hsu, "Zanzibar and Its Chinese Communities", *Population, Space and Place*, Vol. 13, 2007.
③ Pei Shanqin, *Tanzania*, Beijing: Social Science Academic Press, 2008, pp. 578-580.

代之前就定居坦桑尼亚的中国人及其后代，他们面临的主要压力是如何在形势已完全不同的坦桑尼亚生存下去。经过几十年的发展，他们的经济状况有所改善，大多数已经移民到另一个经济相对发达的国家。第二类是中国国有企业员工，他们有完整的内部组织结构和纪律规范，彼此之间的竞争仅在于有限的整合问题。第三类是2003年后去坦桑尼亚投资的海外华人，短期内人口的迅速增加导致华侨华人内部出现多元化，内部之间的紧张关系已经成为第三类华侨的突出问题。第一类的海外华侨占比很少，他们一般不会主动与其他华侨接触。第二类主要受限于政府法规和企业规定，在坦桑尼亚停留的时间有限。因此，本文的研究重点是第三类华侨，即长期居住在坦桑尼亚的个人居民。

二 目标社区中的社交互动状况

在我们谈论目标社区"S"的社交互动情况时，首先需要确定我们要研究什么样的互动。由于目标社区是以餐饮服务为中心的海外华侨社区，本文主要关注目标社区与其他社会群体之间的定期社会互动，即基于商业的经济和社会活动。研究人员观察了社区与其他社会群体之间的交往，对其进行了评估，以便对这些社区的行为做出科学合理的解释，帮助坦桑尼亚当地社会和华侨探索双方如何更好地互动。为了获得最优结果，研究人员将目标社区的日常社交互动分为坦桑尼亚当地人、坦桑尼亚当地政府工作人员和在坦桑尼亚的其他华侨三组并对其进行了观察。通过观察和访谈等方式，研究人员对目标社区的日常社交互动有了比较全面的了解。

（一）与坦桑尼亚当地人的互动

为了了解目标社区与坦桑尼亚当地社区在其经济活动中的互动，笔者从目标社区内部和外部随机选择了12名当地人进行访谈（见表1）。这些受访者的社会背景和社会地位不尽相同。6位男性和6位女性受访者对研究人员讲述了他们与目标社区进行社交互动的经验和观点。事实上，除了这12名受访者外，其他坦桑尼亚人也为研究人员提供了大量信息，使笔者对目标社区与坦桑尼亚主流社会之间的相互交往有了比较全面的了解。所有受访者都以非结构化访谈的形式参与了访谈。此外，研究人员还与当地人进行了许多非正式交流，以确保受访者提供信息的准确性。

表 1　参与访谈的 12 名坦桑尼亚当地普通民众

姓名	性别	年龄	职业	工作等信息
Abdullah	男	18	学生	住在与"S"社区一街之隔的地方；在一所国际学校学习，学校里也有一些中国学生
Ngugi	男	32	洗车工	在"S"社区工作
Hamisi	男	25	失业	曾在"S"社区工作
Singh	男	43	店主	有生意伙伴生活在"S"社区
Johnathan	男	50	公司经理	他的中国合伙人过去常常邀请他去"S"社区
Mtamboi	男	33	讲师	有一些朋友住在"S"社区
Kristina	女	22	管家	"S"社区的管家之一
Dafina	女	20	服务员	在"S"社区工作
Salma	女	25	学生	喜欢"S"社区的中餐
Najma	女	40	失业	她的丈夫是在"S"社区工作的中国人
Malayika	女	31	经理助理	她是 Jonathan 的助理
Aysha	女	60	家庭主妇	有很长一段时间住在靠近"S"社区的房子附近

通过对这 12 名坦桑尼亚人的非结构化访谈，我们了解到当地人和海外华侨之间的互动过程中留给对方的印象往往在不知不觉中与他们最初形成的刻板印象相吻合，这种刻板印象并没有因为受访者的年龄或社会地位而改变。例如，笔者在采访 Johnathan 时了解到，他出生在该市的一个中产阶级家庭，并在加拿大学习了一段时间，他与中国人的关系始于商业活动，在此之前，他对中国的了解来自媒体和朋友的描述。从这里可以看出，上一代海外华侨社区在与坦桑尼亚社会的互动过程中给人留下了一种刻板印象：中国人只注重赚钱；中国人非常勤奋，但不关心社会事务；中国人向坦桑尼亚倾销假冒产品；等等。此外，一些中国人在坦桑尼亚开展非法活动，如代办虚假证件、贩卖象牙和走私等，给坦桑尼亚的主流社会群体带来了许多不利影响。① 而 Johnathan 还指出，在与中国合作伙伴的业务往来中，他注意到这些刻板印象往往是不切实际、充满偏见的。Johnathan

---

① Jafari R. Kideghesho, "The Elephant Poaching Crisis in Tanzania: A Need to Reverse the Trend and the Way Forward", *Tropical Conservation Science*, March 1, 2016, http://journals. sagepub. com/doi/full/10. 1177/ 194008291600900120；Fumbuka Ng'wanakilala, "Tanzania Court Jails Two Chinese Men for Ivory Smuggling: Media", *Reuters World News*, March 19, 2016, https://www. reuters. com/article/us - tanzania - poaching - idUSKCN0WL0NK；Saumu Mwalimu, "Immigration Now Targets Illegally Employed Aliens", *The Citizen*, February 15, 2017, http://www. thecitizen. co. tz/News/Immigration - now - targets - illegally - employed - aliens/1840340 - 3813382 - 14hxbl6/index. html.

曾经与一个名为"中南屋"的野生动植物保护非政府组织有过工作接触。他告诉研究人员，这些新一代的中国人颠覆了他对中国人的理解。经过调查，我们了解到"中南屋"致力于帮助中国青年进入非洲并在非洲工作，这是为了铲除非法象牙交易。[①] Johnathan 提到，在了解了这些新华侨对非洲发展所做出的努力后，他决定放弃陈旧的固定观念，去了解这些海外华人想要在非洲做些什么。为此，他还尝试接受中餐，来到"S"社区的中餐馆吃饭，并得到了良好的用餐体验。Johnathan 是对新华侨持友好态度的坦桑尼亚人的一个简单例子。坦桑尼亚当地人在与新华侨互动时并非盲从主流媒体和社会环境的引导，而是可以在平等的对话中相互了解彼此，这使得他们能够以更加开放和包容的态度来审视华侨社区并得出客观的结论。

　　然而，并非所有人都对这些新华侨持欢迎态度。在研究人员的采访中，更多的受访者对坦桑尼亚的华侨持否定态度，其中年轻人占绝大多数。当研究人员询问他们特别不喜欢哪些华侨或目标群体的行为时，他们给出了一些关于目标群体的负面例子。社区工作人员 Dafina 告诉我们，中国老板似乎把他们视为"劳动者"，而并不关心员工的个人生活。他们甚至将员工视为外人并对其进行防范。通常中国老板不会与员工进行过多的谈话，这使员工产生了深深的不信任感。曾在"S"社区工作的 Hamisi 说，他的中国老板会说斯瓦希里语，但总是用英语叫他，或者用"命令"式的语气向人们展示他的权力。Hamisi 认为，依其中国老板的斯瓦希里语水平，他完全可以理解命令式和其他语法之间的区别，这使 Hamisi 觉得他们的工作没有得到足够的尊重。从受访者和研究人员与其他坦桑尼亚人的谈话中可以看出，坦桑尼亚年轻一代在与华侨的互动中十分看重"获得尊重"。换句话说，坦桑尼亚的年轻一代更加注重在平等对话中进行交流。但是，由于语言和文化背景的差异，目标社区的新华侨可能会有意或无意地将自己与当地人隔绝开来。虽然他们每天都与员工或其他当地人互动，但互动仅限于简单的工作关系，双方并不会进一步进行相互了解。进入坦桑尼亚后，由于地位的变化和经济活动的需要，华侨经常选择抱团互助，这种模式在一定程度上削弱了

---

① 《冒险者黄泓翔：曾卧底非洲象牙交易，现帮助中国青年走近非洲》，澎湃新闻网，2017 年 10 月 30 日，https://www.thepaper.cn/newsDetail_ forward_ 1829456。

华侨和坦桑尼亚当地人互动的需求。除经济活动外，新华侨不会进一步深入探索当地，了解坦桑尼亚的文化与社会现状。

（二）与坦桑尼亚当地政府工作人员的互动

除了 12 名当地居民外，我们还与达累斯萨拉姆的 3 名当地政府工作人员进行了一对一的非结构化访谈，了解目标社区在社交互动过程中如何与当地社会当局互动（见表 2）。在这些访谈中，我们还访问了其他社区的新华侨，以确保地方政府工作人员提供信息的准确性。

表 2　参与访谈的坦桑尼亚当地政府工作人员

姓名	性别	职业	备注
Julius	男	坦桑尼亚税务局工作人员	曾与"S"社区的一些业主共事
Edward	男	交通警察	曾在"S"社区工作
Shani	女	坦桑尼亚移民局工作人员	参与过与"S"社区有关的活动

通过对政府工作人员的采访，研究人员发现了一个有趣的现象：警察和税务局工作人员对新华侨的印象与移民局工作人员对新华侨的印象明显不同。在坦桑尼亚投资的新华侨和其他外国人在警察和税务局工作人员眼中没有什么差别，他们对新华侨在坦桑尼亚的活动持谨慎、宽容的态度。相比之下在移民局工作人员看来，新华侨的存在并非幸事，在我们的采访中，这位移民局工作人员甚至用"mkorofi"（斯瓦希里语，意为麻烦制造者）描述她所接触的一些新华侨。为什么不同部门的政府工作人员对中国人有不同的态度？为了查明原因，我们对这三名官员进行了多次访问。

通过回访，我们发现在警察和税务局工作人员眼中，新老华侨的最大区别在于新华侨更易于沟通，这使他们与政府工作人员的互动更为轻松（但仍有一些新华侨只会说简单的英语，与他们沟通仍然存在一些困难）。Edward 是目标社区所在辖区的交警，他告诉我们因为距目标社区不远处有一个十字路口，人们经过时总是不注意交通信号灯，因此交警会在十字路口进行定期检查。有时他会遇到那些不小心闯红灯的新华侨，这些新华侨态度友好，愿意配合执法部门，这与他曾经在市区接触的老华侨完全不同。同时，他注意到目标社区的日常活动也间接促进了地区的发展。由于社区外道路的工程质量不好，在雨季期间整条道路会完全瘫痪，还有许多大坑，连越野车辆都无法通行。在 "S" 社区建立后，由于客户和居民的数量不断增加，该地区也受到了区政府的重视，重新翻新了道路，使得当地居民不必总绕远路。Edward 告诉研究人员，他不会因为对方是中国人就选择性地执行法律。对于像 Edward 这样的官员来说，只要华侨遵纪守法，他们和当地人之间就没有区别。

然而，并非所有政府工作人员都对新华侨的到来持欢迎态度。移民局工作人员 Shani 眼中的新华侨意味着加班和冲突。在过去的一年里，坦桑尼亚移民局对坦桑尼亚境内的外国人进行了一些随机检查，并逮捕了一些签证过期但没有居留许可的外国人，其中新华侨的比例不小。在 2018 年 6 月刚刚结束的抽查中，共有 17 名华侨因持有伪造的居留证和工作签证而被捕并被拘留。[①] Shani 参与了几项随机检查，包括这次抽查，也包括对 "S" 社区居民的抽查。Shani 告诉我们，入境事务处与华侨之间的互动往往伴随着冲突和敌意。她不喜欢新华侨在坦桑尼亚所从事的活动。研究人员还了解到，除了假文件外，新华侨违反签证规定为黑工厂工作并滞留坦桑尼亚境内的现象也不时发生。但是由于规定，Shani 没有向我们提供具体数字和案例。通过访问新的华侨社区，研究人员了解到，持有假居留证的华侨大多语言不通并自己创业。他们来到坦桑尼亚之后只能选择将这些事情交给中介办理。一些当地代理商和老华侨一道行骗，向他们收取高额费用。他们不知道自己的文件是由中介伪造的。作为受害者，这些新华侨经常在当地移民局执法过程中作为共犯受到惩罚。这种恶性案件的发生使当地社区居民加深了对坦桑尼亚华侨的刻板印象，也大大损害了海外华侨的形象，直接影响了华侨与当地社区互动的质量。与此同时，入境事务处工作人员一些比较粗暴的执法方式也引起了新华侨的不满。

（三） 与坦桑尼亚其他华侨的互动

虽然生活在 "S" 社区的中国人和当地人在商业上进行了许多合作，但

---

① Faustine Kapama, "Tanzania: Immigration Officers, 17 Chinese in Court", *All Africa*, June 13, 2018, https://allafrica.com/stories/201806140068.html.

由于语言和生活方式的差异，这些中国人较少参与坦桑尼亚的社会和文化活动。中国人在日常生活中一直保持相对封闭，事实上他们形成了一个紧密的亚文化群体。因此无论内部分化有多严重，华侨社区与其他群体之间的界限仍然非常清晰。在这种情况下，华侨社区共有的社会特征远远超过了他们固有的差异。这种共享的社会认同在人们的日常生活中被内化，并体现在特定的行为中。

人们普遍认为饮食文化是最能反映中国人身份的特征之一。坦桑尼亚的当地烹饪方式主要是煎、炸和煮，工艺和口味都很简单，食材主要是肉类、豆类、土豆和木薯，蔬菜很少。相比之下，中国菜在食材、烹调、口味等方面则丰富得多。在这种背景下，除了工作场所的西餐和当地特色饭菜，一些在坦桑尼亚多年的华侨大多数时间选择吃中餐。"S"社区是一个由于餐饮服务而聚在一起的商业社区，这里有4家不同的餐厅，比起当地人，它们与华侨的互动更多。华侨来到社区的餐馆吃饭，而一起吃饭提供了社交的机会。

除了烹饪方式，中国食品的配料也很重要。坦桑尼亚当地农民可能无法向中国餐馆和家庭提供所需的食材。因此像"S"社区这样的华侨社区开设了中国超市，从中国或其他地方进口食品和商品。还有一些人则在城市郊区租用土地，种植蔬菜，专门供应各大中餐馆和超市。中国超市和中国蔬菜的价格远远高于当地人的消费水平，但它们一直很受华侨欢迎。目前，除了"S"社区的超市外，达累斯萨拉姆已经开了6家大型中国超市，至少有5家专门种植中国蔬菜的农场，已经形成了比较完整的产业链。所有华侨华人共享的中国饮食文化都是一样的，这种植根于中国的文化已经成为华侨社区互动交流过程中的一个基本因素。"S"社区就是以饮食文化为纽带的一个华侨社区，商业活动是他们的主要社会互动。通过采访我们可以得出结论，坦桑尼亚其他社区的华侨与"S"社区之间的社交互动仍局限于商业活动。中国饮食文化做出了一定贡献，但并未使华侨社区间形成紧密联系。

三　自我定位的困境

"S"社区是坦桑尼亚的主要华侨社区之一。然而，即使它已经建立超过

4 年，当地人仍然对此一无所知。例如，笔者曾经乘坐 Uber 出行 89 次，只有 4 名司机知道社区所在位置。由此，我们可以看到目标社区与当地人之间的互动频率较低。目前，坦桑尼亚这些新华侨所面临的最主要困境是缺乏社交互动，这导致新华侨的形象被高度脸谱化。这种脸谱化的形象反过来会影响主流社会与新华侨之间的互动，因而生活在"S"社区的新华侨会进一步孤立自我。

虽然海外华侨华人的数量逐年增加，但对于大多数当地社区而言，他们仍然是少数群体。与其他少数民族相比，海外华侨华人对商业活动更感兴趣，而不是其他社会活动。事实上，他们并不关心社区建设、政治参与和文化交流。在实地调研中，我们发现，慎重考虑后主动避免所有无关商业活动的社会互动是华侨华人无奈的选择，这是为了克服日复一日的焦虑，避免各种不可预见的风险。

"S"社区居民肖忠午（音译）饭后对研究人员说："我们不是坦桑尼亚人，现在我甚至不知道我是不是中国人，但我知道我不属于坦桑尼亚，我们不同。"

正如我们前面提到的，华侨与入境事务处之间的互动往往非常紧张。根本原因是华侨抵达坦桑尼亚后第一天所面临的"小费文化"。我们从"S"社区的华侨居民那里了解到，他们中的很多人来到坦桑尼亚时对行政机构腐败的"小费文化"深感不安。大多数华侨不懂斯瓦希里语，同时他们的英语也不够好，此外，他们不了解坦桑尼亚的法律和执法程序。当被行政人员询问时，他们往往不知所措，并倾向于给钱解决问题。随着时间的推移，当地政府工作人员发现骚扰中国人可以毫无风险地获得额外收入，就开始创造各种机会收取"小费"。虽然华侨对此表示不满，但他们不敢使用正常的解决方法，因为这会带来更多的行政人员和更多的"小费"。很明显，他们相信中国古老的说法——"破财消灾"。不幸的是，双方的互动进入了一个恶性循环。而真正用"小费文化"来掩盖违法行为的华侨只占很小一部分。

除了无处不在的"小费文化"之外，恶劣的公共安全环境也是新华侨社区选择自我封闭的原因之一（见表3）。在"S"社区的访谈过程中，几乎每个华侨都能谈论他们亲身经历或听说的被抢劫或被盗的事件。

表3　坦桑尼亚华侨华人面临的主要安全问题

类型	具体案例
随机抢劫	郑志芳(店主)说,他走在街上一年内被同一个人抢劫了三次。但到目前为止,警方仍然没有抓到罪犯
有预谋的绑架	徐灿说,他的老板被竞争对手绑架,并最终将所有资产变卖,返回中国
盗窃	所有住在"S"社区的中国人都有被盗的经历。即使去TRA缴纳税款,手机和钱包都可能被盗
入室盗窃	居住在坦噶的王杰表示,在他居住的地方,安全人员和劫匪勾结,导致他损失了500万坦桑尼亚先令(约合2200美元)。他们还划伤了他的大腿
其他犯罪行为	张红说他在路上遭到假警察殴打,并损失60万先令(约300美元);邓志辉说在他开车出去时遇到了几起碰瓷事件;林勤说一些当地人试图向中国人出售象牙然后与警察串通勒索他们

资料来源：作者自行整理而成。

研究人员随机访问了2003年以后来到坦桑尼亚的50名新华侨关于安全问题的看法，并对他们及其亲属或朋友所经历的安全事件进行了统计。从图1可以看出，坦桑尼亚新华侨面临的安全问题不容小觑。我们还注意到华侨面临的犯罪活动主要是盗窃、勒索和抢劫，但一般不会造成人身伤害。对于刚到坦桑尼亚的新华侨，这些犯罪事件使他们对坦桑尼亚社会产生了先入为主的印象。为了保护自己，海外华侨华人选择加入一个团体，并逐渐建立起像"S"这样的封闭社区。在研究人员访问期间，新华侨对融入坦桑尼亚社会并不乐观。主要原因是他们在这个社会中没有安全感，频繁的安全事件使他们将社交互动的范围限制在一般商业活动中，而深入了解当地生活对他们来说是一种"冒险"。

访谈过程中研究人员发现，"S"社区居民普遍认为众多的安全问题是他们选择建立封闭社区以规避风险的最主要原因，也让他们重新审视自己在坦桑尼亚当地社会中的地位。对于这些个人移民来说，普通的入室盗窃会使他们破产。他们中的大多数人没有商业保险，在财产受到损失之后，坦桑尼亚和中国政府不太可能向他们提供有效的帮助，因此自我隔离是他们保护自己的唯一方式。

世界银行驻坦桑尼亚办事处发表了一份研究报告，指出坦桑尼亚正在经历快速的城市化进程，许多农村青年涌向首都和其他大城市寻求更好的收入和生活条

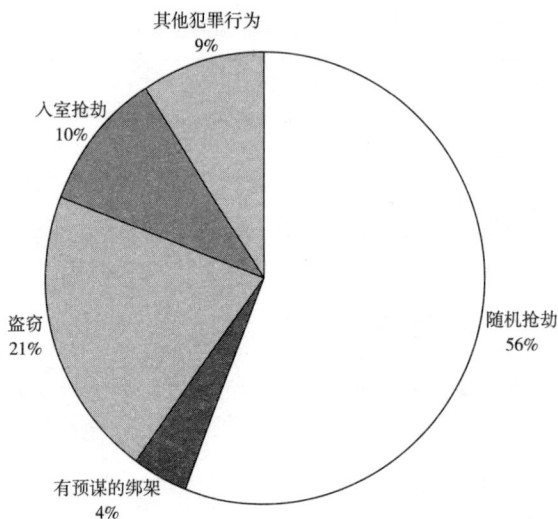

图 1　坦桑尼亚新华侨面临的主要安全问题分析数据

件。他们的到来促进了该市小型企业的繁荣，自 2007 年以来，小型企业数量以每年 15% 的速度增长。这些小型贸易商在该市遇到的最大问题是高度不信任的商业环境，这反映在外部操作条件上。主要困难包括达累斯萨拉姆的交通拥堵和犯罪率上升。普通商人平均每日用在交通出行上的时间为 170 分钟，相当于每月损失 17 美元，即普通商人平均每月收入的近 34%。频繁的入室抢劫和武装抢劫对企业的正常运营造成威胁，一般企业没有资源或无力加强安全措施。此外，行政和执法成本居高不下，数不胜数的各级行政部门可自由改变标准向华侨收取钱财，这种警察和司法机构工作人员的腐败使华侨不堪重负，保护措施形同虚设。①

　　可以看出，以"S"社区为例，新华侨社区的自我隔离实际上是各种因素协同作用下的无奈选择。这种自我隔离有时甚至也存在于不同的华人华侨群体中，研究人员了解到，达累斯萨拉姆的"S"社区和其他华侨社区几乎没有任何文化互动，商业互动也保持着低频率。由于社区的地理环境和家庭成员不同，这些新华侨社区平日没有深入的交流。一些华侨社区彼此之间存在竞争关系，并且有着敌对情绪。在访问期间我们听到了许多说法，如"我们来这里是为了谋生，其

---

① The World Bank, "Tanzania Economic Update: Who Wants a Job?" *The Magnetic Power of Cities*, Issue 5, June 2014, pp. 39 – 42.

他事情以后再考虑"。可以看出坦桑尼亚新华侨的社会互动并不顺畅，许多新华侨在坦桑尼亚生活两三年后，活动范围仍局限于达累斯萨拉姆的某些地区。社交范围的局限性使华人华侨无法融入坦桑尼亚当地社会。许多当地人和行政人员无法辨别这些勤劳的个体经营者与庞大的国有企业员工之间的差异，并对新华侨华人有过先入为主的刻板印象，双方的相互了解非常缓慢。新华侨社区在当地人心中仍然只是一个模糊的"中国"，当地人对新华侨来说只是一般的"非洲人"。总之，中国个体移民在坦桑尼亚社会中将社区建成了"孤岛"，他们与坦桑尼亚人之间的互动似乎正逐步走入死胡同。

结　语

随着"一带一路"建设的逐步推进，响应政策要求、离开家乡到坦桑尼亚的新华侨的生存现状可以看作中国出口质量的风向标。与庞大的国有企业员工不同，他们是生活在两个文明互动第一线的普通人，他们是感受坦桑尼亚的中国人的"哨兵"，是坦桑尼亚人接触中国、了解中国和中国社会的直接媒介。他们在中非交流"前沿"中的思想、反应和感受，对我们思考中国"新移民"在发展中国家的形势和可能产生的影响具有重要价值。

本文以"S"华侨社区为例，展示了海外华侨与坦桑尼亚社会的互动。透过这些互动我们可以看到坦桑尼亚的新华侨如何定位自己：他们疏远了主流社会，同时创建了一个封闭且开放的少数群体社区。一方面，新华侨通过商业活动与当地社会互动，促进地方经济发展；另一方面，新华侨采取自我封闭的防御姿态，以应对来自主流社会的挑战，切断了双方进一步互动的渠道。实际上，随着坦中关系的深化，政府层面的互动变得更加重要。在这种背景下，特别是为了寻求更好的职业发展，越来越多的中国人自发地来到坦桑尼亚，因此如何有效开展社会互动、促进海外华人更好地融入当地社区变得越发重要。"S"社区的社会互动现状具有代表性意义。但是我们也应该清楚地认识到，这些困境不能通过所谓的"遵守法律，避免无用的互动"来解决。中国和坦桑尼亚政府之间的磋商、指导和监管可以发挥更重要的作用。如何促进双方普通民众更好地了解对方的文化和社会是一个长期而复杂的工程。

Self-Positioning of New Chinese Community in Tanzania: Take the "S" Community as an Example

Ma Jun

Abstract: Different communities' mutual understanding comes from the social interaction between them. This continuous interaction will also play a role in adjusting and reshaping the community's self-cognition and positioning. Based on the field research of the target overseas Chinese community in Tanzania, this paper presents the status quo of the interaction between the overseas Chinese and the Tanzanian society through economic activities and community life as a minority from three perspectives, and draws the following conclusions: The establishment of a new overseas Chinese community based on the catering services is an inevitable choice in the process of interaction between overseas Chinese and Tanzania society. Overseas Chinese have formed a new type of community in tandem on the basis of food culture, and interact with the main social groups in Tanzania through economic activities. Its organizational form is also constantly changing during this interaction, and generally tend to be stable and upgraded. Through interaction with different social groups, overseas Chinese in the target community also have new knowledge of the subjective society and the community itself. The contradiction between the overseas Chinese and the Tanzanian main society in the process of interaction, the resulting tense social relations are the staged contradictions of minority groups in social interaction. Depending on the degree of such contradictions, the new overseas Chinese community organizations represented by the "S" community will constantly adjust the mode of interaction with the mainstream society. Keeping social interaction outside the mainstream society in Tanzania will be a long-term interaction mode of the new overseas Chinese.

Keywords: Tanzania; New Overseas Chinese; Social Interaction; Cultural Conflict

文化维度理论下的阿拉伯固有
文化特征研究[*]

肖 凌

【摘　　要】"一带一路"建设需要做到"民心相通","民心相通"需要深入对沿线国家的文化传统研究。阿拉伯固有文化是阿拉伯文化传统中的重要组成部分,本文依据霍夫斯泰德的文化维度理论,综合沙漠文化、部落文化、游牧文化等,从五个维度对阿拉伯固有文化传统的特征进行梳理,概括其具有低权力距离、弱不确定性规避、偏集体主义、阳刚气质、兼具长期导向与短期导向等特征,分别体现为"不驯服"的个人、迁徙的常态、宗派主义、豪侠精神、享乐与坚韧。这些特征并未随着阿拉伯文化的发展而消失,而是作为阿拉伯文化传统深层结构的内容存在并持续影响着当代阿拉伯人的生活。我们构建当代对阿交往,必须深入了解并把握阿拉伯固有文化的特征,这样才能实现跨文化的理解与交流,实现真正意义上的"民心相通"。

【关 键 词】民心相通　阿拉伯固有文化　文化维度理论　霍夫斯泰德

【作者简介】肖凌,博士,北京第二外国语学院教授,主要研究方向为阿拉伯文化传统与现代化、阿拉伯当代思想与思潮。

"一带一路"建设"不仅首先要夯实国内发展的根基,更要有文化力量的融入和支撑,只有以文化先行带动民心相通,才能夯实各国'互联互通'的心理

*　本文为国家社科基金青年项目"阿拉伯文化传统与西化矛盾问题研究"(项目编号:15CWW012)、教育部国别和区域研究指向性课题"阿拉伯地区传统与现代化问题研究"(项目编号:17GBQY015)的研究成果。

基础。也就是说，只有做到民心相通才能实现'互联互通'的最终目标"。①

　　"民心相通"是双方基于对彼此文化相互的充分认知和深刻理解的相通，因为"文化支配着人们的判断和意见，决定'是非'标准，最终改变着人们的态度、信念和价值，从而影响人们的行为"。② 实现"民心相通"，必须对"一带一路"沿线国家文化价值观，尤其是传统、深层的文化价值观有系统、深入的理解和研究。阿拉伯地区作为"一带一路"沿线的重要地区，要实现与阿拉伯地区的"民心相通"，必须深入研究阿拉伯文化传统。

　　谈及阿拉伯文化传统，很常见的误解是认为阿拉伯文化传统就等于阿拉伯—伊斯兰文化传统，从而忽略了阿拉伯固有文化在阿拉伯文化传统中的存在。阿拉伯固有文化是指有别于伊斯兰教诞生后的阿拉伯传统文化，在时间上为伊斯兰教诞生前约两个世纪。那么，我们为什么要追溯和研究伊斯兰教诞生以前的阿拉伯固有文化？因为对于"将文化和历史结合在一起研究感兴趣的学者来说，'传统'这个词意味着悠久的历史和部分历史一直延伸到现在的过程"，③ 如果以历史的眼光来看待"传统"，阿拉伯固有文化作为阿拉伯—伊斯兰文化传统中最深层的构成，对其后发展历程中所创造及传承的文化都有着最深刻而持久的影响。阿拉伯固有文化作为阿拉伯文化传统中最根深蒂固的存在，在价值、规范、原则等各方面仍规范着阿拉伯民族的价值取向与标准。因此，阿拉伯固有文化在当代的影响，更多时候表现为一种集体意识甚至是集体无意识，它对阿拉伯人的思维与行为的影响深刻而久远，尽管人们很难意识到它的作用，但实际上处处受其规范。

　　要想真正地实现与阿拉伯地区交往的"民心相通"，从价值观的层面将阿拉伯文化传统中的固有文化特征进行系统分析十分必要。

　　本文借鉴霍夫斯泰德的"文化维度理论"对阿拉伯固有文化的特征进行梳理。1980 年，荷兰人类学家吉尔特·霍夫斯泰德（Geert Hofstede）出版了巨著《文化之重：价值、行为、体制和组织的跨国比较》，后又采纳了彭麦克等学者

① 范玉刚：《"一带一路"战略的文化维度及其区域文化空间塑造》，《人文杂志》2016 年第 3 期，第 21～27 页。

② G. Hofstede, *Culture's Consequences*：*International Differences in Work-Related Values*, Vol. 5, Beverly Hills, CA：Sage Publications, pp. 201–220；转引自李袛辉、韩真洙《基于文化维度的酒店服务质量与顾客行为意向关系研究》，《华东经济管理》2010 年第 5 期，第 112 页。

③ 李鹏程主编《当代西方文化研究新词典》，吉林人民出版社，2003，第 29～30 页。

对其理论的补充，总结出衡量价值观的五个维度，"主要是从国家、地区和民族等宏观层面对不同文化进行概括"。① 通过霍夫斯泰德的文化维度理论体系，对阿拉伯固有文化的特征进行分析，将使我们对其中的文化效应形成更加清晰的认识，因为"霍氏文化差异维度理论把文化分解成易于辨识的要素特质，为人们提供了观察不同文化差异性的'坐标系'，使人们可以按照不同的文化维度来认识不同国家文化差异"。②

一 权力距离："不驯服"③ 的个人

霍夫斯泰德文化维度理论的第一个维度是权力距离（power distance）。权力距离是指"在一个国家的机构和组织中，弱势成员对于权力分配不平等的期待和接纳程度"。④

权力距离着眼于处于弱势地位的成员对社会或组织中权力分配不平等的接受程度。对权力距离认同程度高，意味着国家文化权力差距大，这个国家的人们往往对由权力或财富引起的阶层差异有较高认同，易于接受；反之，权力差距越小，这个国家的人们越不看重由权力与财富所引起的阶层差异，社会普遍强调无论个人职业、地位、年龄有多大差异，个人权力、地位和机会均应平等。

阿拉伯固有文化孕育于沙漠环境，为了应对严峻的生存环境的挑战，阿拉伯人必须发展出一些特殊的技能，同时也必须形成一些与沙漠生活相适应的价值观体系。沙漠的广袤与游牧的自由，使得"阿拉伯人的生活习惯，是不愿受任何一种权力束缚的"。⑤

沙漠尽管物质资源缺乏，却给了游牧的阿拉伯人无限的自由，既没有法律的约束，也没有类似中国古典文化中的伦常纲要须遵守。"他们向往自由，又不愿

---

① 冯敏、马海兵、宋彩萍：《文化维度理论与文化智力理论——跨文化管理的"双股剑"》，《上海对外经贸大学学报》2015年第2期，第49~57页。

② 李文娟：《霍夫斯泰德文化维度与跨文化研究》，《社会科学》2009年第12期，第126~129页。

③ 秦惠彬：《伊斯兰文明》，中国社会科学出版社，1999，第9页。

④ 〔荷〕吉尔特·霍夫斯泰德、格特·扬·霍夫斯泰德：《文化与组织：心理软件的力量》（第2版），李原、孙健敏译，中国人民大学出版社，2012，第49页。

⑤ 〔埃及〕艾哈迈德·爱敏：《阿拉伯—伊斯兰文化史》（第1册），纳忠译，商务印书馆，1982，第16页。

受约束，不习惯服从权力"，① 沙漠中的古代阿拉伯人逐水草而居，以游牧为生产生活方式。游牧民（又称"贝都因"② 人）的社会组织形式为部落、氏族。部落、氏族以血缘为基础，其代表为名誉领袖"舍赫"（شيخ）③。舍赫是部落社会中德高望重、仗义疏财且骁勇善战的人，他必定得到了本族人的普遍高度认同。但舍赫与部落其他成员之间是一种平等的关系，"他的职权是仲裁而不是命令，是遵循而不是引导部落的统一意志"，④ 他在公共事务中凭借经验、威望和感召施加影响。"'舍赫'并不是独断独裁的，他必须召集由本族各户户长组成的部族会议，他的任期的长短，由选民全体来决定。"部落内部的成员关系强调人与人之间的平等，每个部落成员都"以平等的地位和他的'舍赫'见面，他所处的社会，使得人人都处于平等地位"，并使得贝都因人"生来就是民主主义者"。⑤ 由此，在部落生活中，爱好自由与崇尚平等是阿拉伯人的鲜明价值取向，正如希提所说，"阿拉比亚的人民，是爱好自由的，是享受自由的"。⑥

在部落生活中，尽管舍赫是部落的领袖，但贝都因人仍可以"不执行首领的决定"，他们最大的特点就是"不驯服"，"极端的个人主义和绝对的自由是贝都因人心理活动的重要因素"。⑦ 尽管他们对外强调部落、氏族的利益高于一切，但在部落内部，贝都因人"同时又坚持个人自由独立，十分重视个人荣誉，他不愿意为任何机构和个人效劳，不屈服于任何权威，包括本部落酋长在内"。⑧

贝都因人的这种对自由和平等的要求，是一种绝对的个人自由，他们绝难屈服于任何领袖或权威。沙漠生活无羁无绊、自由自在、无拘无束，沙漠、土地并不能约束贝都因人，也没有哪一个政府的管辖或制度的约束。因此，贝都因人不能容忍任何权力的约束，而只能接受氏族所形成的习俗规范，他们更不能忍受外来的压迫和强制，反抗任何外来的权力与权威。

---

① 李绍先、王灵桂：《一脉相承的阿拉伯人》，时事出版社，1997，第 6 页。
② "贝都因"或"贝杜因"，是阿拉伯语中"游牧（的）"一词的音译，指的是逐水草而居的生活方式。
③ 也被译为"谢赫"，其含义为"长者""老人家"。
④ 金宜久主编《伊斯兰教史》，江苏人民出版社，2006，第 23 页。
⑤ 〔美〕希提：《阿拉伯通史》（上），马坚译，商务印书馆，1995，第 30 页。
⑥ 〔美〕希提：《阿拉伯通史》（上），第 51 页。
⑦ 秦惠彬：《伊斯兰文明》，中国社会科学出版社，1999，第 9 页。
⑧ 王保华：《阿拉伯国家的基本社会形态及主流价值观》，载张宏主编《当代阿拉伯研究》（第 2 辑），宁夏人民出版社，2009，第 16 页。

诚如艾哈迈德·爱敏所言，"阿拉伯人之不服从权力，是毫无疑义的"，[①] 他们对自由的限制极为敏感，对权力的压制总有强烈的反抗，"阿拉伯人反抗任何权力；如果稍稍限制他们的自由，即使这种限制对他们是有好处的，他们也是不愿意的，必定要反抗的"。[②]

"不驯服"是阿拉伯固有文化中十分显著的贝都因人的性格写照，他们对自由和平等的热爱植根于沙漠、部落的生活，在他们的民族性格中根深蒂固。对于权力或权威，固有文化中的贝都因人是迟钝的，对于权力带来的压制，他们是不驯服的。因此，从权力距离这个维度上看，阿拉伯固有文化的特征是低权力距离。

直至今日，在阿拉伯世界，"赤贫之民可以毫无顾忌地叩开最高行政长官乃至一国之君办公室的大门，跨国公司的小小职员也可以随时走进董事长的办公室聊天"。[③] 可见，在固有文化中形成的低权力距离特征至今仍然鲜明地存在于当代阿拉伯文化中。

二　不确定性规避：迁徙的常态

霍夫斯泰德文化维度理论的第二个维度是"不确定性规避"（uncertainty avoidance）。不确定性规避是指"某种文化中的成员在面对不确定的或未知的情况时感到威胁的程度"。不同文化在不确定性规避上的差异，"最初被视为权力距离的一个副产品"，其中涉及的"不确定性"，实质"在于它是一种主观体验，是一种感觉"，这种感觉往往与"焦虑"相关。"焦虑"表达的是"对于可能发生的事情感到担心或不安的一种弥散状态"。[④] 一般来讲，在强不确定性规避的文化中，人们的焦虑感就重；在弱不确定性规避的文化中，人们的焦虑感就轻。

阿拉伯半岛的气候炎热干燥，南来的印度洋季风虽能带来雨水，但只能影响半岛南部的沿海地区，到不了半岛腹地，所以半岛上的旱季特别长，有些地方终

---

① 〔埃及〕艾哈迈德·爱敏：《阿拉伯—伊斯兰文化史》（第 1 册），第 38 页。
② 〔埃及〕艾哈迈德·爱敏：《阿拉伯—伊斯兰文化史》（第 1 册），第 36 页。
③ 李绍先、王灵桂：《一脉相承的阿拉伯人》，第 6 页。
④ 〔荷〕吉尔特·霍夫斯泰德、格特·扬·霍夫斯泰德：《文化与组织：心理软件的力量》（第 2 版），第 176～179 页。

年无雨。这种气候使得"阿拉比亚没有一条重要的河流是常年流入海里的"。①

在干旱的沙漠环境中，贝都因人的生活是"靠天吃饭"的。贝都因人以游牧为主要生产方式，为求生存，迁徙是他们的生活常态，哪里有水源和草地，部落就往哪里迁徙。他们所赖以生存的全部资产，就是他们所蓄养的牲畜。放牧牲畜，全靠水草和雨水，如果遇到好的水草资源，赶上炎热的天气中有凉风袭过，世界就犹如天国般清澈，那一瞬间是幸福的。这种幸福哪怕只有一瞬间，也是一定要把握住的。所以，"阿拉伯人称'雨水'为'救星'"。② 当风沙和寒冷不期而至，世界可能在转瞬间变成地狱，此时贝都因人最大的依靠只能是自己的体能实力和部落、氏族成员间的相互照应。

在"靠天吃饭"、逐水草而居的生活中，贝都因人每天都要面对大自然的威力对人类生死的考验。而且在部落迁徙的过程中，贝都因人除了要应对自然环境带来的各种突如其来的挑战，还得时时防范其他部落、氏族的抢掠与争夺。为了抢夺水源和草地，半岛上部落、氏族之间的战争与仇杀是十分常见的。在阿拉伯语中，表达"灾祸"的词有 400 多个，哪怕是阿拉伯文学家，都未必能尽数尽用，可见在阿拉伯人的沙漠游牧生活中，各种灾祸有多么频繁。在极端不稳定的生活状态下，贝都因人必须学会充分把握每一个瞬间的欢乐与幸福。在这样无常与无序的环境中，日夜面对生与死的不确定性考验，贝都因人磨炼出了少焦虑、多乐观的个性，"他们处理事务时常常不紧不慢，好像天大的事情也不会让他们着急似的"，③ 形成了"既来之，则安之"的性格，"他们只听候天时地利的支配；雨水好，就游牧而生，否则只好听天由命"。④

的确，在沙漠中逐水草而居，如能遇上一汪清泉、一片绿洲，便是沙漠生活之幸，但这种幸运是不可预期的，不是依靠提升紧迫感与焦虑感，在日常生活中争分夺秒就能把握主动权的。农耕社会则不同，在农业生产的过程中，人们会在播种与收割之间逐渐形成一种与大自然同期的循环规律。农业社会中的人们把种子埋在土里，种子发芽、开花、结果，都是可以期待的过程性变化，生活是一个

---

① 〔美〕希提：《阿拉伯通史》（上），第 18 页。
② 〔埃及〕艾哈迈德·爱敏：《阿拉伯—伊斯兰文化史》（第 1 册），第 49 页。
③ 李绍先、王灵桂：《一脉相承的阿拉伯人》，第 7 页。
④ 〔埃及〕艾哈迈德·爱敏：《阿拉伯—伊斯兰文化史》（第 1 册），第 4 页。

可以预期的循环整体，而沙漠生活则不然。

沙漠环境中的风云变幻不是游牧民可以掌控和预期的，"不稳定的游牧生活，使人们感到有一种不可捉摸的力量难以抗拒和抵御"。① 既然沙漠中的生活已经如此艰苦，生存下去已经成了人生的巨大挑战，今天不知明天会有什么天灾人祸降临，那么，把握当下、看淡未来就成为一种人性自然的选择。在这种以迁徙为常态、未来高度不可预期的生活中，久而久之，焦虑被消解，代之以乐观、随遇而安的心态。面对生活中无处不在的不确定性，贝都因人磨炼出了对不稳定现实的高度接受力，形成了固有文化中的弱不确定性规避特征。

弱不确定性规避的文化对不确定性事物具有较高的容忍度和适应力，这一类文化的主体做事往往灵活性较大。直到今天，我们依然可以从阿拉伯人处世的灵活与善变中看到阿拉伯固有文化中的弱不确定性规避特征。

三　个体主义—集体主义：宗派主义

霍夫斯泰德文化维度理论的第三个维度是"个体主义—集体主义"（Individualism and Collectivism）。"个体主义指的是人与人之间关系松散联系的社会：人们只照顾自己及其核心家庭"，"集体主义指的是这样的社会：人们从出生起就融入强大而紧密的内群体当中，这个群体为人们提供终身的保护以换取人们对于该群体的绝对忠诚"。②

固有文化时期的阿拉伯人主要的生产方式为游牧，主要的社会结构是以血缘为基础的部落和氏族，在个体主义—集体主义这个维度上是偏于集体主义的。但是，在这种"集体主义"下，"个人的业绩为整个部落所有，个人的耻辱是部落的耻辱。诗人为部落写诗，演说家为部落演讲，代表团更是以部落的名义出访。这样，部落就占据了人们的身心和思想，成为一切主宰"。③

固有文化时期，在沙漠中以游牧方式生存的阿拉伯贝都因人，基于血缘关系

---

① 金宜久主编《伊斯兰教史》，第 34 页。
② 〔荷〕吉尔特·霍夫斯泰德、格特·扬·霍夫斯泰德：《文化与组织：心理软件的力量》（第 2 版），第 81 页。
③ 〔埃及〕艾哈迈德·爱敏：《阿拉伯—伊斯兰文化史》（第 3 册），向培科、史希同、朱凯译，商务印书馆，1991，第 342 页。

的氏族部落是自我与他者之间最重要也是最基本的联系纽带。"在部落的习惯中，'外人'和'敌人'是同义词"，① "一个贝都因人可能遭遇的祸患，再没有比丧失氏族关系更严重的了"。② 一个被解除了氏族关系的人，除非被另一个部落收纳，否则很少有生存的希望，"因为一个没有氏族的人，实际上是无依无靠的。他的地位，相当于一个丧失公权者，是不受保护的人"。③

在西方社会学的概念中，社会的基本构成单位是个人，由个人的群体组合成民族和国家，世界观以个人为中心；在东方的日本和中国，国家是以家庭为基础形成的集合体，世界观以情境为中心。阿拉伯固有文化时期的贝都因人，其世界观也是以情境为中心的，只是贝都因人之间的联结关系纽带不在于家庭，而是部落和氏族。在阿拉伯半岛的游牧社会中，血缘关系下的氏族和部落是个人生存的基础。可以说，一旦脱离了氏族与部落的关系，个人将无法生存。

因此，基于血缘和宗派的集体重要性不言而喻。伴随血缘、氏族、部落所产生的荣誉与利益至高无上，"血统的纯洁和宗谱的高贵优于一切"。④ 与日本人对国家和天皇的"忠"不同的是，阿拉伯贝都因人所付出的，"并非对名义上的首领（酋长）的绝对忠诚"，⑤ 而是对氏族和部落这个所属集体的荣誉和利益的无条件的忠实。在阿拉伯固有文化中，"部落关系是人格生存的条件，因此，个人的命运并不重要，也没有关于个人永生的信仰，永生在于部落"。⑥ 这种部落、氏族集体优先于个人的概念，仅限于部落内部有血缘关系的群体内，一旦跨出了部落的界限，其他部落的组织和宗派与自己就不存在共同的利益或权力，也不受任何权利、义务的束缚，不受其他部落传统规范的约束。因为在以情境为中心的世界观中，置身于群体人际网络，人们"必须以区分内、外群体的二元对立方式去理解外部世界"。⑦ 游牧生活中的贝都因人"只关心本部族的福利，要他关心各部族共同的福利，那是很困难的"。⑧ 从这个意义上说，阿拉伯固有文化中

---

① 金宜久主编《伊斯兰教史》，第 23 页。
② 〔美〕希提：《阿拉伯简史》，商务印书馆，1973，第 24 页。
③ 〔美〕希提：《阿拉伯简史》，第 24 页。
④ 金宜久主编《伊斯兰教史》，第 23 页。
⑤ 金宜久主编《伊斯兰教史》，第 23 页。
⑥ 金宜久主编《伊斯兰教史》，第 34 页。
⑦ 许烺光：《宗族、种姓与社团》，黄光国译，台北，南天书局，2002，第 2 页。
⑧ 〔美〕希提：《阿拉伯简史》，第 17 页。

的这种宗派主义，源于沙漠部落生活的需要，是一种基于血缘关系的部落内集体主义。

这种对血缘和宗派的重视，直到今天，还可以从阿拉伯民族发达的宗谱学上折射出镜像。"世界上是没有什么民族把宗谱学提高到科学的地位的"，① 阿拉伯人"是最注重谱系的民族，无一人不知自己宗族及祖先之名姓"。② 阿拉伯的各个部族都喜欢夸耀自己的血统，"每一部族都说本族的宗系，才是最光荣的宗系，本族的人民，才是最尊贵的人民"。③ 宗谱学的发达，体现了阿拉伯固有文化中宗派主义的深刻影响，并且这种宗派主义的影响，化为阿拉伯文化传统的一部分，持续存在，传承久远。

四　阳刚气质—阴柔气质：豪侠精神

霍夫斯泰德文化维度理论的第四个维度是"阳刚气质—阴柔气质"（Masculinity and Femininity）。霍夫斯泰德对该维度做了如下界定："当情绪性的性别角色存在明显不同时，男性被认为是果断的、坚韧的、重视物质成就的，女性被认为是谦虚的、温柔的、重视生活质量的，这样的社会被称为阳刚气质的社会；当情绪性的性别角色互相重叠时，即男性和女性都被认为应该谦虚、温柔和关注生活质量时，这样的社会就被称为阴柔气质的社会。"④

该维度与个体主义—集体主义维度不同，"个体主义—集体主义是关于'我'和'我们'的，关注的是个体独立于群体还是依赖于群体，而阳刚气质—阴柔气质是关于'自我'的强调和'与他人关系'的强调，它并不考虑纽带"。⑤ 在强阳刚气质的文化中，男女的价值标准差异明显，男性价值更强调自我、成就，女性价值更强调追求人际和谐；在强阴柔气质的文化中，男女更为平

---

① 〔美〕希提：《阿拉伯通史》（上），第31页。
② 〔埃及〕艾哈迈德·爱敏：《阿拉伯—伊斯兰文化史》（第2册），朱凯、史希同译，商务印书馆，1990，第44页。
③ 〔埃及〕艾哈迈德·爱敏：《阿拉伯—伊斯兰文化史》（第1册），第6页。
④ 〔荷〕吉尔特·霍夫斯泰德、格特·扬·霍夫斯泰德：《文化与组织：心理软件的力量》（第2版），第126页。
⑤ 〔荷〕吉尔特·霍夫斯泰德、格特·扬·霍夫斯泰德：《文化与组织：心理软件的力量》（第2版），第129页。

等，男女价值的标准趋同，都更加关注与他人关系的和谐。

固有文化时期，阿拉伯人的主要生产方式是"逐水草而居"的游牧。在这种生产生活方式中，自然资源的匮乏与环境的恶劣使阿拉伯人在跟随本氏族部落逐水草而居的同时，要随时防范他族对资源的占领。"沙漠环境的恶劣使他们始终不是攻击者就是被攻击者"，① "游牧和劫掠无疑构成阿拉伯人最重要的谋生方式和最向往的职业"，② 所以劫掠成为部落生活中十分必要的行为和能力。在与其他部落的争斗中，敢于劫掠并获得胜利，是部落成员成就个人价值的重要标志。

因此，阿拉伯固有文化中崇尚的最高人格的典型特征即为"豪侠精神"。"豪侠精神"是阿拉伯语词 " مروءة "（可音译为"姆鲁埃"）一词的意译，其本义确切地说就是"勇敢、好义、慷慨"。"勇敢"，即指"在为宗族争锋对垒之时，敢于冲锋陷阵，不惜牺牲性命以赴之"；而"好义、慷慨"，则是针对氏族内部环境而言，指对待自己人"宰牲待客，济困扶危，不惜倾家荡产"。③

劫掠的风俗一方面是受沙漠的自然环境所迫，为了获取有限的生存资源，不得不采取劫掠方式夺取资源，求取在沙漠中的生存；另一方面，沙漠生活对于男子气概的提倡与崇尚，也使得劫掠上升到一种民族风俗的地位，因为"劫掠是有数的集中表现丈夫气概的职业之一"。④ 由此，"劫掠本来是一种盗贼的行径，但沙漠生活的经济情况和社会情况，却已经把劫掠提升到一种民族的习俗了"。⑤ 部落中的男子以骁勇善战为成就个人价值的最重要标准，而女性在这样的生活中，只能是处于附庸于男性的地位。

在游牧生活中，各部落、氏族常常为了争夺牲畜、牧场和水源发生争斗。"这些战争提供了充分的机会，让强悍的部族任意袭击和劫掠，让相争的部族中

---

① 史希同：《阿拉伯问题的文化思考》，载张宏主编《当代阿拉伯问题研究》，人民出版社，2006，第 235 ~ 242 页。
② 〔美〕小阿瑟·戈尔德施密特、劳伦斯·戴维森：《中东史》，哈全安、刘志华译，东方出版中心，2010，23 页。
③ 纳忠、朱凯、史希同：《传承与交融：阿拉伯文化》，浙江人民出版社，1993，第 13 页。
④ 〔美〕希提：《阿拉伯通史》（上），第 26 页。
⑤ 〔美〕希提：《阿拉伯简史》（上），第 21 页。

的斗士表现他们的个人英雄主义。"① 由于沙漠生活资料的缺乏，战争成为常态，劫掠成为个人在部落中实现自我、展现大丈夫气概、扬名获利的机会。

沙漠生活的危险与挑战，使得在其中谋生的贝都因人必须是骁勇的、尚武的。"阿拉伯人勇敢尚武，他们要保护自身，不依赖别人，也不信任别人……他们似乎'好战'成癖，'勇武'简直是他们的天性。"② 他们"始终要和人、野兽、严峻的自然因素这些敌人战斗"，沙漠生活对于贝都因人而言，"宝剑是他的防护，马背是他的堡垒"。③

部落男性尚武、善战、敢于劫掠，女性必须依附于男性在沙漠中求生存，男性以在与其他部落的战争中获胜来彰显个人的"豪侠精神"，并以此作为实现个人英雄主义的最重要路径。显然，阿拉伯固有文化在阳刚气质—阴柔气质这个维度上具有鲜明的阳刚气质。阿拉伯固有文化价值观中的这一特征集中体现为"豪侠精神"。这一特征与阿拉伯固有文化中的其他特征一样，作为传统根植于阿拉伯民族的价值观，发挥着一种集体潜意识的作用，并未随着时间的推移与历史的发展消失，而是长久、持续地存在。

五 长期导向—短期导向：享乐与坚韧

霍夫斯泰德文化维度理论的第五个维度是"长期导向—短期导向"（long-term and short-term）。该维度的定义是："长期导向意味着培育和鼓励以追求未来回报为导向的品德——尤其是坚韧和节俭。与之相对的另一端，短期导向，意味着培育和鼓励关于过去和当前的品德——尤其是尊重传统、维护面子，以及履行社会义务。"一般而言，长期导向的文化倡导"坚韧，愿意为长远回报而不断努力"，而短期导向的文化追求"付出的努力应该速见成效"。④

---

① 〔美〕希提：《阿拉伯通史》（上），第 102 页。
② 〔埃及〕艾哈迈德·爱敏：《阿拉伯—伊斯兰文化史》（第 1 册），第 36 页。
③ 〔黎巴嫩〕汉纳·法胡里：《阿拉伯文学史》，郅溥浩译，宁夏人民出版社，2008，第 7 页。
④ 〔荷〕吉尔特·霍夫斯泰德、格特·扬·霍夫斯泰德：《文化与组织：心理软件的力量》（第 2 版），第 222～224 页。

恰如霍夫斯泰德在著作中分析的，"该维度的两端都包含儒家价值观"，① 该维度的两端也都包含阿拉伯固有文化的价值观。在阿拉伯固有文化中，既有代表长期导向的对坚韧的崇尚，也包含代表短期导向的注重当下体验和享受的享乐主义。

沙漠环境、游牧生活、部落组织这些贝都因人生活中的要素都对其人生观的形成产生重大的影响。沙漠环境的无常、游牧生活的艰苦，使得阿拉伯人必须抓住眼前的现实，关注对物质生活的需求，因此"阿拉比亚人具有享乐主义的性格"。② 固有文化时期，生活在阿拉伯半岛上的贝都因人由于沙漠环境的恶劣与人力的有限，"他们大部分的思想，贯注在眼前的生活问题上，没有多余的工夫去专心思考来生的问题"。③ 阿拉伯贝都因人唯有"试图通过各种享乐活动来唤醒和表现自己的生命价值，通过对自身感觉的强烈刺激来抵消生活情境和生存境况所生成的怠倦或厌恶，渴望在享乐中丰富自身并超越苦闷"。④ 在逆境的逼迫下，阿拉伯贝都因人难免产生消极的情绪，趋向及时行乐的心理状态。

自然环境的无常与生活的无奈一方面使阿拉伯人养成了及时行乐的享乐主义态度；但另一方面，残酷的沙漠环境也教会了阿拉伯人要懂得面对现实，要吃苦耐劳、崇尚节俭、坚韧不拔。阿拉伯谚语有云："忍耐是美德。"阿拉伯人相信"忍耐的结果是成功"，"成功是工作、勤奋和持之以恒的产物"。⑤

除了在阿拉伯谚语中可看到阿拉伯民族对坚韧的崇尚，在阿拉伯语词语中也有例证。比如，在阿拉伯语中，"美"与"骆驼"是同根词，可见阿拉伯人对骆驼的喜爱。阿拉伯贝都因人对骆驼的喜爱，固然与其所具有的实用价值分不开，但除了这方面的原因，也因为骆驼是沙漠中尤为坚韧的动物。阿拉伯语中"美德""美丽的"等词语都由"骆驼"一词同根派生而来。阿拉伯固有文化对坚韧与忍耐的重视，在他们对骆驼的喜爱程度上也可窥见一二。

---

① 〔荷〕吉尔特·霍夫斯泰德、格特·扬·霍夫斯泰德：《文化与组织：心理软件的力量》（第 2 版），第 223 页。

② 〔美〕希提：《阿拉伯通史》（上），第 119 页。

③ 〔美〕希提：《阿拉伯通史》（上），第 119 页。

④ 丁大同：《享乐主义观及其批判》，《理论与现代化》2014 年第 2 期，第 104 ~ 110 页。

⑤ 周烈、蒋传瑛：《阿拉伯语与阿拉伯文化》，外语教学与研究出版社，1998，第 110 ~ 111 页。

"文化，如同所有的其他普遍性现象一样，本质上包含着悖论与变革"，① 阿拉伯固有文化在这一维度上包含两端的特征，并不难理解。"当情境促使一种价值观与实践支配另一种价值观与实践之际，所有生命和现象总是包含着相互矛盾但又相互补充的价值观与实践。"② 正是沙漠环境的无常与残酷，使阿拉伯固有文化一方面具有享乐主义的倾向，另一方面也形成了坚韧不拔的导向，兼具这两方面互为悖论但又相互补充的价值取向。这种悖论式的特征，在阿拉伯文化的发展过程中并未消失，而是长期存在并持续影响着阿拉伯民族的性格。

结　语

综上五个维度，阿拉伯固有文化在沙漠环境中，为适应游牧生产方式和部落组织形式而形成独特的价值，具有低权力距离、弱不确定性规避、偏集体主义、阳刚气质、兼具长期导向与短期导向等特征，分别体现为"不驯服"的个人、迁徙的常态、宗派主义、豪侠精神、享乐与坚韧。这些特征并未随着阿拉伯文化的发展而消失，而是作为阿拉伯文化传统深层结构的内容，存在并持续影响着当代阿拉伯人的生活。我们构建当代对阿交往，必须深入了解并把握阿拉伯固有文化的特征，这样才能实现跨文化的理解与交流，实现真正意义上的"民心相通"。

（责任编辑：王畅）

---

① T. Fang，"'Onion' to 'Ocean'：Paradox and Change in National Cultures"，*International Studies of Management and Organization*，2006，Vol. 35，Issue 4，pp. 71 – 90；转引自〔瑞典〕兰迪·Z. 肖爱、房晓晖《理解中东阿拉伯文化中的悖论》，《学海》2013 年第 4 期，第 25 ~ 33 页。

② 〔瑞典〕兰迪·Z. 肖爱、房晓晖：《理解中东阿拉伯文化中的悖论》，第 25 ~ 33 页。

The Inherent Cultural Characteristics of Arabia under the Cultural Dimension Theory

Xiao Ling

Abstract：Building "the Belt and Road" needs "strengthened People-to-people Ties", which requires thorough studying in the cultural traditions of countries along "the Belt and Road". The inherent culture of Arab is an important part of the Arab cultural tradition. Based on Hofstede's cultural dimension theory, this paper combines desert culture, tribal culture and nomadic culture to sort out the characteristics of Arab inherent cultural tradition from five dimensions. It is characterized by low power distance, weak uncertainty avoidance, partial collectivism, masculinity, both long-term and short-term orientations. They are embodied as "untamed" individuals, the normal of migration, sectarianism, heroic spirit, hedonism with perseverance. These characteristics did not disappear with the development of Arab culture, but as the content of the deep structure of the Arab cultural tradition, existed and continued to affect the life of contemporary Arabs. When we construct contemporary communication with Arab world, we must thoroughly understand and grasp the characteristics of Arab inherent culture in order to achieve successful cross-cultural understanding and communication, so as to realize the "strengthened People-to-people Ties" in the true sense.

Keywords：Strengthened People-to-people Ties；The Inherent Culture of Arab；Cultural Dimension Theory；Hofstede

缅甸"罗兴亚人"问题的历史与现实分析

熊顺清　吴金光

【摘　　要】缅甸西部若开邦"罗兴亚人"问题，是缅甸政府目前所面临的最棘手的问题之一。罗兴亚人问题非常复杂，有着深刻的历史背景和现实原因，涉及历史、民族、宗教、政治、经济、社会等诸多方面，短期内难以找到行之有效的解决办法。从长远来看，推动落实若开邦事务顾问委员会提出的建议以及中国提出的三阶段解决若开问题的方案能够有效缓解冲突，降低暴力事件发生的频度和烈度，并逐步实现若开邦的持久和平与稳定。

【关　键　词】若开问题；罗兴亚人；暴力事件；缅甸

【作者简介】熊顺清，博士，云南省社会科学院、中国（昆明）南亚东南亚研究院缅甸研究所副研究员，研究方向为民族宗教问题研究、缅甸研究；吴金光，国家民族事务委员会国际交流司原副司长，研究方向为跨界民族研究。

一　罗兴亚人问题的历史背景

（一）若开邦的地理历史概况

若开邦地处缅甸西部，东邻马圭省、勃固省，西临孟加拉湾，南邻伊洛瓦底省，北接钦邦和孟加拉国，是缅甸通向南亚的西大门。

若开邦是缅甸七个民族自治邦之一，以信仰佛教的若开族为主体民族，同时若开邦也是缅甸全国穆斯林最为集中的地方。若开邦的穆斯林自称"罗兴亚人"

（Rohingya），意为若开的居民。而缅甸政府和主流人群将其称为"宾格利人"（Bengali），意为孟加拉（Bengaladesh）的非法移民。

若开原本是有着悠久历史的独立王国，1785 年被缅人征服而纳入缅甸版图。若开历史可分为定耶瓦底（公元前？~327）、维沙里（327~818）、四城（818~1430）和妙乌（1430~1785）四个历史时期。佛教在若开地区的传播源远流长，据若开史籍记载，佛陀曾于公元前 554 年造访过若开。巴利文碑刻当报基（tangpaokgyi）中也记载佛陀曾到过若开。现曼德勒城供奉的摩诃妙牟尼大佛像为定耶瓦底王朝旃陀都利耶王所铸造，1785 年若开被缅人征服时，该大佛像被迎请至曼德勒城。维沙里时期的文化是以佛教为基石的文化，上至国王下至百姓对佛教都很虔诚，他们造塔、建寺、塑佛像、布施寺产。在四城时期，王室很重视佛教，先后出现了许多扶植佛教的君王，因此，当时佛教很发达。妙乌时期是若开文化最发达的时期，这一时期若开佛教信仰非常明显，妙乌城所在的山头上有许多佛塔，有"兰花指头好繁茂，犹如若开众佛塔"之说，当佛教在锡兰岛上衰落时，妙乌帝国曾派僧侣到锡兰岛弘扬佛法。[①]

（二）妙乌时期穆斯林开始迁入若开

妙乌王朝强盛时期曾统治着"孟加拉十二市镇"，为了得到当地穆斯林臣民的支持和信任，一些国王同时把若开封号和穆斯林封号铸在钱币上。若开历史上的 48 位国王中有 9 位使用了穆斯林封号，但这些国王中没有一位是穆斯林，他们这样做只是为了得到所辖人民的拥护。在妙乌时期，从孟加拉地区抓捕来的穆斯林战俘作为奴隶被带到若开，从事农业、手工业和其他工作。[②] 17 世纪，葡萄牙和妙乌王国的奴隶交易中就有从孟加拉抓捕的穆斯林。[③] 另外，若开人从古代起就和印度、阿拉伯的穆斯林商人有经济来往。若开邦早期的穆斯林便是由这些穆斯林商人和奴隶演变而来的，他们人数不多，对当地佛教的生存空间和信仰没有构成威胁，因此，他们长期与佛教徒和谐共处。

---

① 吴瑞赞等：《若开邦发展史》，《南洋资料译丛》2007 年第 4 期，第 26~36 页。
② 敏登：《缅甸若开邦"罗兴伽人"研究》，《南洋资料译丛》2013 年第 2 期，第 62 页。
③ Maurice Collis, *The Land of the Great Image*, Faber and Faber Ltd., London, p. 107.

（三）英国殖民时期穆斯林大规模迁入若开

英国殖民时期孟加拉裔穆斯林才大规模迁入若开。1824 年，第一次英缅战争爆发，缅甸战败，被迫签订《杨达波条约》（*Treaty of Yandabo*）。根据该条约，1826 年，缅甸正式将若开和德林达依割让给英国，其中若开归孟加拉总督管辖。若开北部的孟都镇（Maungdaw）和布帝洞镇（Buthidaung）地处广袤肥沃的平原地带，地广人稀。1839 年，殖民政府颁布了《收地法》，大量荒地被开垦成耕地，对劳动力的需求大大增加，于是吉大港的孟加拉人大批进入若开。1869 年，苏伊士运河开通后，为若开稻米进入欧洲市场带来了极大便利。为了增加稻米产量，英国殖民当局实行了授地制度，资本家获得了更多的土地，吉大港的孟加拉人大规模迁入若开，这些移民大部分是穆斯林。一开始这些外来劳工只是季节性工人，但后来他们就在若开地区定居了。1935 年，英国议会批准《1935 年缅甸政府组织法》，规定从 1937 年 4 月 1 日起，缅甸与印度分治，缅甸成为英国直接统治的殖民地。[①] 印缅分治商议期间，吉大港地区的穆斯林担心分治后没有机会迁入若开地区，于是大规模向若开北部迁徙。

英国殖民当局曾提醒过，穆斯林的不断涌入会给若开当地人带来问题。1939 年，缅甸成立调查委员会对此现象进行调查，调查委员会发现不仅是若开族佛教徒，早期居住在若开的穆斯林对来自吉大港的穆斯林新移民也不欢迎。殖民政府认为如果不对该现象采取措施，有可能产生民族宗教冲突，因而建议阻止穆斯林继续迁入。然而随着第二次世界大战的爆发，若开穆斯林移民问题被搁置了。[②]

（四）若开的民族宗教冲突

第二次世界大战的爆发给缅甸民族主义提供了发展空间，日本的入侵导致英国对缅甸的殖民统治出现了权力真空。由于若开邦是东南亚与南亚交汇的军事重镇，为了抵抗来自南亚英国的军事压力，日本在军事上援助了若开地区的佛教

---

① 祝湘辉：《试论英国殖民时期缅甸掸邦统治制度的变迁》，《南洋问题研究》2009 年第 4 期，第 79 页。
② 敏登：《缅甸若开邦"罗兴伽人"研究》，《南洋资料译丛》2013 年第 2 期，第 62、63 页。

徒，后者在此基础上成立了"若开爱国武装"组织；英国为此于 1942 年武装了孟加拉吉大港的穆斯林，成立一支名为 V. Force 的志愿军。因前期的历史积怨，日本支持的佛教武装和英国支持的穆斯林武装相互残杀。[①] 日军败退后，跟随英国殖民者重返若开地区的穆斯林士兵开始驱逐若开原住民，前后约有数万名若开族佛教徒被杀害。鉴于此，缅甸佛教徒普遍将若开地区的穆斯林视为殖民者的"帮凶"。20 世纪 50 年代以后，缅甸军政府治下的若开地区一直努力遏制罗兴亚穆斯林的经济和社会影响力，其限制举措涉及清真寺的修建、罗兴亚人置业甚至婚丧嫁娶等方面。

1947 年，印巴分治时，缅甸若开的穆斯林要求将孟都镇、布帝洞镇和拉德堂镇归并到巴基斯坦，但这一提案被巴基斯坦独立运动领导人真纳否决。后来，穆斯林在孟都镇、布帝洞镇和拉德堂镇发动武装袭击，并向昂山将军提出将这三个镇区划归巴基斯坦或实行自治。

1948 年 4 月，刚刚独立的缅甸就迎来罗兴亚的穆斯林动乱，穆斯林把缅甸政府和佛教徒作为攻击目标，强盛之时一度控制了若开北部的大部地区，并大量驱逐居住在该地区农村的佛教徒。1951 年，缅甸政府开始强力镇压若开地区的穆斯林，直至 1961 年在缅甸政府军的持续攻势下，双方才达成停火协议，只有零星的武装人员仍在孟加拉和缅甸边境地带进行军事活动。

1962 年，奈温将军上台后对若开地区的穆斯林加强控制，同时对穆斯林残存武装开展清剿，力图控制罗兴亚穆斯林在边境地区的活动。面对缅甸军政府的打压，加之 20 世纪 70 年代初宗教极端主义在全球兴起，1974 年，一支名为"罗兴亚爱国阵线"的武装在整合原来零星叛乱穆斯林的基础上成立了，其间，缅甸军政府持续采用军事行动，1977 年直接导致超过 20 万名罗兴亚人流亡至孟加拉国。

20 世纪 70 年代初期，刚刚经历内战分裂，国家经济几近崩溃，大批"东巴"穆斯林人离开动乱的孟加拉国进入缅甸。缅甸奈温政府视罗兴亚人为"非法移民"，不断压制和排斥。1972 年 7 月，布帝洞地区成立了"罗兴亚民族解放

---

① 李隆：《罗兴亚难民危机：英殖民为缅甸留下的百年历史包袱》，澎湃新闻网，2017 年 9 月 28 日，http：//www. thepaper. cn/newsDetail_ forward_ 1806987。

党",鼎盛时期队伍发展到 2500 人。1974 年 7 月,缅甸政府对其进行大规模军事围剿,罗兴亚民族解放党残部撤入孟加拉国境内。

1978 年,部分罗兴亚人为了与缅甸政府抗争,成立"罗兴亚团结组织",并组建"罗兴亚穆斯林游击队",其斗争目标为"脱离缅甸,建立若开独立国"。同年 4 月,奈温政府在全国实施"龙王计划",以驱逐非法居住在缅甸的外国人为由,驱逐罗兴亚人。起初,孟加拉国对罗兴亚难民的到来表示欢迎,并尽可能地为他们提供便利,随着罗兴亚难民数量不断增加,孟加拉经济不堪重负。经联合国难民署协调,1979 年底,约 18 万名罗兴亚人被遣送回缅甸。缅甸政府在若开邦穆斯林聚居区建立佛教徒定居点,导致穆斯林与缅甸佛教徒矛盾不断加深。

随着极端主义的兴起,"罗兴亚团结组织"在孟加拉国"伊斯兰大会党"、巴基斯坦"圣战者运动"的帮助下,迅速建立起约 3000 人的游击队,总部设在孟加拉国的科克斯巴扎尔地区,并在缅甸若开邦的孟都和布帝洞镇区建立武装根据地。截至 20 世纪 90 年代末期,"罗兴亚团结组织"与缅军共发生大小战斗 13 次。由于缅军不断进行军事打压,"罗兴亚团结组织"又不得不在孟加拉国寻找避难所。

1998 年,"罗兴亚团结组织"与"罗兴亚伊斯兰阵线"合并,组建了"罗兴亚民族组织"。该组织的宗旨不再是脱离缅甸建立"若开独立国",而是行使罗兴亚人的自决权留在缅甸联邦,与其他少数民族和平相处,对缅甸的反对党派和民主团体采取支持态度。"罗兴亚民族组织"整合以后,其武装分支合并为"罗兴亚民族军"。2001 年 5 月,该武装组织在孟都发起最后一次武装袭击,之后便淡出了人们的视线。①

若开邦穆斯林与佛教徒的冲突是缅甸独立以后的一个常态。在军政府时期,由于政府的高压措施,冲突被压制,大规模的暴力事件不多。缅甸实行民主后,长期被压制的反抗情绪突然爆发,2011 年民选政府上台,2012 年爆发了大规模冲突事件。2012 年 6 月和 10 月若开邦爆发了两次大规模的冲突,导致 192 人死

---

① 《缅甸反恐进行时,罗兴亚武装的前世今生》,凤凰新闻网,2017 年 9 月 13 日,http://wemedia. ifeng. com/29617456/wemedia. shtml。

亡，265 人受伤，8641 栋房屋被烧毁，32 座清真寺和 22 座佛寺被烧毁，10 多万人无家可归。起初，只是若开邦佛教徒与罗兴亚人之间的冲突，之后演变为全国范围的佛教徒与穆斯林的对抗。2013 年 3 月，密铁拉市的佛穆冲突造成 43 人死亡，1300 多间商店、房屋、宗教场所被毁，约 1.2 万人沦为难民。之后，小规模的冲突事件时有发生，若开局势动荡不安。罗兴亚人问题逐渐朝着国际化的方向发展，对地区安全构成了威胁。

二 罗兴亚人问题的现状

（一）近期若开局势

2016 年 10 月 9 日，罗兴亚武装分子在若开邦北部孟都镇袭击缅甸警察，给信奉伊斯兰教的罗兴亚人与信奉佛教的若开人之间的冲突增加了新的变数。据称此次袭击是"罗兴亚拯救军"（Arakan Rohingya Salvation Army，ARSA）煽动策划的。"罗兴亚拯救军"的首领阿达乌拉（Atta Ullah）是出生于巴基斯坦的罗兴亚人，他在巴基斯坦接受过训练。该组织利用宗教信仰号召村民或使用强制手段强迫村民参与袭击事件，他们还杀害一些配合政府工作的罗兴亚人。[1] 袭击事件发生后，缅甸军方采取军事行动对其镇压，冲突逐渐平息下来。然而时隔不到一年，又发生了更加惨烈的袭击事件。

2017 年 8 月 25 日凌晨，"罗兴亚拯救军"对若开北部孟都镇的 30 个警察哨所和一处军事基地进行突然袭击。缅甸军方对该组织采取了严厉打击，对袭击者进行清剿，造成数百人伤亡、大量村庄和房屋被烧毁。打击的扩大化引起罗兴亚人恐慌并大规模外逃到孟加拉国。据联合国难民署估计，截至 2017 年 11 月底，约有 61.5 万名若开邦难民逃到孟加拉国避难，其中大部分是罗兴亚穆斯林，也有少量印度教徒。冲突也导致约 2 万名佛教徒和 3000 名印度教徒失去了家园，逃到境内其他地区避难，酿成严重的人道主义灾难。[2] 这激起了国际社会对缅甸军方和政

---

① 吴哥哥莱：《若开邦局势：背景、现状和发展趋势》，2017 年 11 月 16 日云南大学讲座。

② S. Chandrasekharan, "Burma: The Rohingya Conundrum and Regional Implications", http://wrohingyaww. eurasiareview. com/05092017 - burma - the - - conundrum - and - regional - implications - analysis/.

府的严厉谴责。缅军被指控在若开邦"种族清洗"罗兴亚人,缅甸国务资政昂山素季也成为众矢之的。

上述两次大规模冲突事件,使若开局势不断恶化。罗兴亚人问题成了缅甸当前最难解决的矛盾之一,也是国际社会关注的热点,对缅甸的国家形象产生了负面影响,国务资政昂山素季领衔的民盟政府和以三军总司令敏昂莱为首的缅甸军方面临前所未有的压力。

(二) 罗兴亚人问题带来的挑战

1. 缅甸政府与军方压力空前

若开危机爆发后,联合国秘书长指责缅甸军方"过度行动"。美国国务院、印度外交部、土耳其外交部、美国驻缅甸使馆、英国驻缅甸使馆、澳大利亚驻缅甸使馆等纷纷就恐怖袭击事件表示谴责。

2018年8月27日,即若开危机爆发一周年之际,联合国缅甸问题独立国际调查团发布报告,将缅甸政府再次置于国际舆论关注的焦点下,谴责缅甸军方对罗兴亚人的镇压行动具有"种族灭绝"意图,指控三军总司令和其他5名高级军事指挥官涉嫌种族灭绝、危害人类和战争罪,并呼吁对这些人实施国际调查和起诉。2018年9月27日,联合国人权理事会在日内瓦投票决定设立一个独立的有关缅甸问题的国际机制,以对在该国犯下严重侵犯人权行为的个人进行起诉,特别是涉嫌对罗兴亚穆斯林犯下灭绝种族罪的人,并以35票赞成、3票反对和7票弃权的结果通过了这一决议。[①] 在罗兴亚人问题上,中国始终支持缅甸政府的立场,当西方国家对缅甸政府施压时,中国政府从外交方面对缅甸进行了充分保护,这对巩固中缅传统"胞波"友谊和全面战略合作伙伴关系发挥了积极作用。

联合国缅甸问题独立国际调查团发布报告也指责昂山素季作为缅甸事实上的领导人任由军队犯下违反人道主义法的战争罪,助长暴行。昂山素季和她领导的民盟政府执政两年多来,因不能妥善解决罗兴亚人问题而饱受国际

---

① 《人权理事会启动司法机制 起诉对罗兴亚人犯下的严重侵犯人权行为》,联合国新闻网,2018年9月27日,https://news.un.org/zh/story/2018/09/1019012。

社会的批评，外部压力不断上升。自 2017 年 8 月暴力事件后，昂山素季一次次被推上舆论的风口浪尖，西方社会纷纷指责其在处理该问题上的消极态度。他们挥舞着"人权"大棒，对昂山素季口诛笔伐，将她昔日的荣誉一一夺去。2017 年 9 月，英国公共服务业总工会收回授予她的荣誉会员身份，牛津大学撤下她的画像；11 月，牛津市宣布收回她的"荣誉市民"称号，伦敦经济学院取消其"荣誉主席"职位。2018 年 3 月，美国大纪念馆宣布撤销颁发给昂山素季的"埃利·威塞尔人权奖"；8 月，英国爱丁堡市宣布将剥夺其"荣誉市民奖"；10 月，加拿大取消授予她的"加拿大荣誉公民"身份。一度被西方奉为"民主女神"的昂山素季在一年内被西方国家取消了 8 个荣誉头衔，她曾获得诺贝尔和平奖也成了众矢之的，要求剥夺她诺奖的声音从未间断。

由于罗兴亚人问题迟迟不能解决、和平进程没有实质性进展、经济发展没有起色，民众对民盟政府的不满日渐凸显。2018 年 11 月 3 日，缅甸就联邦议会人民院、民族院和省邦议会 13 个空缺议席举行补选，其中有 11 个席位原属于民盟，但此次补选民盟仅仅获得了 7 个席位，失守 4 席。[①] 这次补选是对民盟执政成果和民意支持率的一次检验，显示民盟支持率大幅下跌。

2. 面临恐怖势力蔓延的风险

在以"伊斯兰国"为代表的国际恐怖组织不断向南亚、东南亚渗透的背景下，罗兴亚人问题悬而未决，加剧了周边地区面临的恐怖主义威胁。若开邦最近两次大规模袭击是有组织、有预谋的，袭击者并非普通民众，而是受过专业训练的，袭击行动经过精心策划。由于罗兴亚人在缅甸受歧视，逃往周边国家亦不受欢迎，大部分人觉得生活无望，这样的人群很容易被恐怖组织利用。一旦国际恐怖主义势力进一步利用罗兴亚人问题渗透到东南亚，将对地区安全构成严重威胁。

西方舆论对罗兴亚人压倒性的支持，似乎出于人道主义关切，但事实上是在纵容处境悲惨的罗兴亚人采用极端手段来引起国际社会的关注，使激进分子更加猖狂。这不利于缓解当前紧张形势，只会使若开邦问题进一步恶化，使罗

---

① Ei Ei Toe Lwin, "Provisional Results Show Stumble for NLD in by-Elections", *Myanmar Times*, November 4, 2018.

兴亚人的处境更加艰难，使缅甸政府也面临更大的国际压力。种种迹象表明罗兴亚人问题的解决是个复杂而漫长的过程，若缅孟两国不能采取有效措施控制局面，缅孟边境安全局势将会进一步恶化，恐怖袭击可能向若开邦以外的其他地区蔓延。

三　罗兴亚人问题的解决方案

罗兴亚人问题非常复杂，涉及历史、民族、宗教、社会、经济、政治等诸多方面，这是一个难题，短期内难以找到行之有效的解决方案。从长远来看，推动落实若开邦事务顾问委员会提出的建议以及中国提出的三阶段解决罗兴亚人问题方案能够有效缓解冲突，降低暴力事件发生的频度和烈度，并逐渐实现若开邦的持久和平与稳定。

（一）若开邦事务顾问委员会提出的方案

为了找到解决罗兴亚人问题的最佳方法，2016年8月24日，缅甸政府成立若开邦事务顾问委员会，由联合国前秘书长、诺贝尔和平奖获得者科菲·安南担任主席。2017年8月24日，若开邦事务顾问委员会向缅甸政府和军方提交了有关罗兴亚人问题的最终报告。该报告针对调查中发现的问题提出了88条建设性对策建议，涉及经济社会发展、公民身份、自由行动、流离失所人员、人道主义援助、媒体接触、教育、卫生、毒品问题、异族共存、文化发展、边境问题、区域关系等方面。该方案受到国际社会的欢迎，联合国官员表示这些建议是考虑到受害者需求和解决根本问题的框架，包括歧视、迫害和缺乏法律地位等问题。联合国已准备好与主要利益攸关方合作，落实这些建议。缅甸国务资政办公室也做出积极响应，表示将全面落实这些建议。但是摆在缅甸政府面前的不仅是经费和技术困难，最大的障碍在于解决罗兴亚人的公民身份。根据缅甸《1982年公民法》规定，只有在第一次英缅战争（1824年）以前就长期定居缅甸的族群才属于缅甸原住民，才能获得缅甸公民身份，而若开邦的大部分穆斯林不符合这一条件。缅甸军方、官方和民间对这一族群的民族身份意见是统一而明确的，即缅甸不存在"罗兴亚人"，只有外来的孟加拉裔移民。

任何政党和个人都难以违背主流的民意。因此，这些穆斯林难以获得缅甸国籍，也难以被其他国家接纳。

（二）中国方案

虽然若开邦远离中国边境，但对中国有着重要的战略意义。它是中国通向印度洋的重要出海口，是孟中印缅经济走廊的关键节点，是中缅油气管道的起始站，皎漂深水港、皎漂经济特区等中缅大型合作项目也位于此。作为缅甸的友好邻邦和全面战略合作伙伴，中方理解缅甸政府面临的困难和挑战，支持缅甸为维护国内稳定所做的努力，并积极为解决罗兴亚人问题贡献中国智慧。

2017 年 11 月 19 日，中国外交部长王毅在内比都与缅甸国务资政兼外交部长昂山素季共同会见记者时，介绍了中方对缅甸若开邦局势的看法，表示中方建议分三个阶段解决有关问题。中方认为解决若开邦问题最好的办法还是通过缅孟两国双边协商找到彼此都能接受的方案，国际社会及联合国安理会应给予两国鼓励和支持，为此营造必要条件和良好环境。这是中方同缅孟两国达成的重要共识。若开邦问题有着复杂的历史、民族和宗教背景，处理这一问题既需要应对好当前紧急事态，也需要着眼长远，寻求根本解决之道。对此，中方提出了三阶段解决设想。第一阶段是实现现地停火，恢复稳定秩序，使民众得享安宁，不再流离。第二阶段是各方及国际社会共同鼓励缅孟双方保持和加强沟通，通过平等友好协商尽快找到解决问题的可行途径，尽快就遣返达成协议并付诸实施。第三阶段是国际社会加大对若开邦地区摆脱贫困的支持和投入，以脱贫带动发展，以发展促进稳定。

贫困是产生动荡和冲突的重要因素，而发展是解决贫困的有效方法。若开邦是缅甸最贫穷的地区之一，由于若开地区经济落后，民众就业机会少，存在大量无业游民，而这些民众对主流社会的极度不满和敌视，为恐怖势力的渗入提供了条件，这是若开地区冲突频发的重要因素。应通过经济特区建设带动若开邦经济发展，创造更多就业机会，吸纳富余劳动力，解决民生问题，从而促进社会稳定。

2018 年 9 月 9 日，中缅两国签署了《中华人民共和国政府与缅甸联邦共和国政府关于共建中缅经济走廊的谅解备忘录》。中缅经济走廊北起中国云南，经中缅边境南下至曼德勒，然后再分别向东西延伸到仰光新城和皎漂经济特区。其中皎漂经济特区的建设对解决罗兴亚人问题尤为重要。出于投资风险考虑，多数国家对若开邦投资的兴趣不大。中缅双方在若开邦开展合作有战略契合点，虽然短期内该经济特区难以产生经济效益，但从长远来看，其战略意义大于经济意义，中缅双方宜积极推动落实。

推动落实上述方案可以在一定程度上缓解冲突和矛盾，降低暴力事件发生的频度和烈度。但短期内难以从根本上解决问题，因此不排除若开地区再发生冲突的可能。要从根本上解决罗兴亚人问题有待超凡政治智慧的出现。

四　罗兴亚人问题进展

中国方案提出后，得到孟缅双方的积极响应。在各方共同努力下，第一阶段"止暴"目标已基本实现，一年多以来冲突没有再发生；第二阶段"遣返"和第三阶段"发展"目标正在积极推动，但进展缓慢。

2017年11月23日，缅甸和孟加拉国就遣返若开邦流离失所者签署谅解备忘录。两国同意在2个月内启动相关工作，但遣返工作一再延迟。2018年6月6日，联合国开发计划署和难民署与缅甸政府签署谅解备忘录，[①] 缅甸政府允许难民署人员进入若开邦，实地考察难民原来的村庄以及未来可能的安置点，并开展相关保护工作，该备忘录还让开发计划署和难民署对受到影响的社区开展需求调查和评估，并增强当地政府支持难民自愿被遣返的能力。该备忘录为罗兴亚难民自愿、安全、有尊严和可持续地从孟加拉国返乡创造了有利条件，同时有助于他们重新融入若开邦。2018年6月29日，中国和缅甸、孟加拉国就妥善解决罗兴亚人问题达成了四点原则共识。一是继续按照"止暴""遣返""发展"三阶段设想，推动若开邦局势尽快改善，并在此基础上通过缅孟双方协商，寻求妥善解决办法。二是尽快解决入孟避乱民众遣返问题，采取切实措施，迈出实质步伐，

---

① 《联合国与缅甸政府签署协议协助罗兴亚难民返乡》，新华网，2018年6月7日，http：//news.sina.com.cn/w/2018－06－07/doc－ihcqccip8417054.shtml。

实现首批遣返。三是中方愿根据缅孟双方意愿，为双方改善避乱民众生存和安置条件提供进一步帮助，包括紧急物资援助和相关设施建设。四是发挥各自优势，加大在缅孟边境地区的发展合作，切实改善当地民生。[①] 2018年9月27日，中、缅、孟三国在联合国总部举行了有关若开难民的会议，达成三点重要共识。一是缅孟双方同意通过友好协商妥善解决若开邦问题。二是孟方表示已做好遣返第一批避乱民众的准备，缅方也表示已做好接收首批避乱民众的准备。三是缅孟双方同意尽快召开联合工作组会议，形成遣返路线图和时间表，尽快实现首批遣返。在中国的积极斡旋下，2018年10月30～31日，孟缅两国在达卡举行了第三次难民遣返联合工作组会议，决定于11月中旬启动第一轮遣返。此次遣返缅方同意接收来自485个家庭的2260名罗兴亚人，[②] 遣返方案计划从11月15日开始，缅方每天接收150人返回，预计11月底完成第一轮遣返。11月15日，孟加拉国安排了5辆大巴车准备遣送难民回缅甸，首批被点名的150人却没有一人到指定地点报到。这些难民拒绝回去的主要原因是对缅方安置条件不满，他们想回到原来居住的村庄、要获得公民身份等，但缅方打算先将这些人安置在临时安置点，给他们发放身份核实卡，允许他们在若开邦孟都地区自由行动，并用此卡进一步申请公民身份。联合国难民署认为缅甸的安置条件不成熟，要求孟加拉国政府不要强行遣返难民，迫使孟缅双方中止本次遣返计划。遣返工作再次被搁置，意味着缅甸政府和军方面临的国际压力将有增无减，孟加拉国难民负担将持续存在，大量难民长期滞留对孟加拉国的政治、经济、社会和安全都构成潜在的威胁。

罗兴亚人问题的解决是一个漫长的过程，国际社会要客观看待缅孟两国政府面临的实际困难与挑战，保持耐心并提供支持和帮助，鼓励缅孟双方通过对话协商妥善解决协议落实过程中出现的问题，及早实现难民遣返。

（责任编辑：杨阳）

---

① 闫子敏：《中缅孟就妥善解决若开邦问题达成四点原则共识》，新华网，2018年6月29日，http://www.xinhuanet.com/world/2018-06/29/c_1123057340.htm。

② Bansari Kamdar, "Bangladesh and Myanmar Announce Pending Rohingya Repatriation", *The Diplomat*, November 2, 2018, https://thediplomat.com/2018/11/bangladesh-and-myanmar-announce-pending-rohingya-repatriation/.

History and Reality of Rakhine Issue

Xiong Shunqing, Wu Jinguang

Abstract: Rakhine Crisis, also known as the Rohingya Crisis, is one of the biggest challenges that Myanmar government has to face with. It is a complex problem with sophisticated historical background and realistic reasons. It involves many aspects such as history, nationality, religion, politics, socio-economy and so on. Thus it is difficult to find effective solutions in the short term. But in long run, promoting the implementation of the 88 suggestions proposed by the Advisory Commission on Rakhine State headed by Dr Kofi Annan and the three-phase plan for Rohingya issue proposed by China will effectively prevent escalation of the violence and reduce the frequency and intensity of insurgencies, thus gradually realize lasting peace and stability in Rakine State.

Keywords: Rakhine Issue; Rohingya; Insurgency; Myanmar

英国殖民时期马来亚法制的近代化研究

张　榕

【摘　　要】现代马来西亚的法律制度采用西方的法制形式，拥有东方的法制内容。之所以呈现如此面貌，与英国殖民时期马来亚法制的近代化历程、方式等密不可分。这一时期，东方和西方的法律思想在马来亚碰撞与融合，开启并基本完成了马来亚法律制度的近代化。

【关 键 词】马来亚　法制近代化　英国

【作者简介】张榕，上海外国语大学东方语学院讲师，研究方向为东南亚国家法律文化。

英国统治时期是马来亚①地区法制史的重要转折点。这一时期，马来亚的社会、政治、文化发生了巨大变革，开启了法制近代化历程。人口方面的变化使马来亚成为一个多族群的社会，马来人、华人、印度人、英国人、土著人共同组成当时的马来亚社会。被引入该国的华人和印度人劳工带来了各自的习惯法，马来人则继续遵循马来伊斯兰法。广泛的宗教和文化上的分化，创造了许多观察家所称的"复合社会"。多族群社会的形成推动法律的多元化，社会结构的更替促使法律制度的变革。法律适用因族群而异，但相互间的交往使得族群交叉问题出现，这成为法律不得不面对的新问题。于是，族群间各行其是的法律制度向着交融的方向演变。

---

① 1963 年 8 月 31 日，马来亚与沙巴、沙捞越、新加坡合并成立马来西亚，在此之前的马来半岛地区被称为"马来亚"。

一 马来半岛传统法律思想和近代
西方法律思想的碰撞与融合

　　法律制度的重要基础是法律思想。马来半岛的法律思想原本如何，近代化又使马来半岛的法律思想有何变化？

　　马来亚的传统法律思想常常体现在个人的品德修养上。马来西亚学者伊斯迈尔·哈密德认为："某个社会所推崇的价值就是这个社会所有成员的最高道德准则，由这个社会所制定的各种法律法规也是以这些准则为基础的。"因此，在其著作《马来社会与文化》中，他综合宗教和风俗的影响，总结归纳了传统马来社会所推崇的"十三种美德"：斯文有礼、谦逊虚心、慷慨大方、诚实忠厚、小心谨慎、耐心隐忍、坚强不屈、互相帮助、团结友爱、信守诺言、尊重父母和老人、忠于君主、遵守习俗。①

　　马来亚的传统法律思想还以习惯法的形式世代相传。马来人的习惯法在传统的马来亚社会存在并延续了千百年。马来谚语云："宁让孩子死，不让习惯亡。"（biar mati anak，jangan mati adat）这应当是习惯法和马来人社会之间关系最具震撼力的表述之一。马来半岛的传统法律思想属于伊斯兰世界，又不全是伊斯兰法律思想。源于中东商贸的伊斯兰法律思想，在马来半岛因为时间、空间与形势等产生调适，至今带有拜物教、佛教和印度教的痕迹。

　　英国殖民时期，马来亚法律思想的渊源趋向多元化。既受到西方的民主自由思想、自然权力观念的影响，又受到各种宗教法思想与族群习惯的制约。特别是在法律文化结构中较深的层次——法律观念方面，西方输入的法律观念与马来西亚当地的法律传统产生激烈碰撞。这个时候，英国殖民者的统治策略起了非常重要的作用。英国官员在面对任何议案时所采取的态度都是小心地避免麻烦，防止将政府扯入有争议的事件中。当时殖民政府的立法原则是循序渐进，没有把握的事不做。当时的总检察长就曾说："我们在不知道结果之前不能随便在黑暗中迈出一大步，要先试探下，若成功的话才进入下一步立法。"因而在面对复杂的华

---

　　① Ismail Hamid, *Masyarakat dan Budaya Melayu*, Kuala Lumpur: Dewan Bahasa dan Pustaka, 1988, pp. 73, 88.

人婚姻情况时，殖民政府选择了不作为，以免做错，激起矛盾。1880年的《伊斯兰教婚姻条例》"更多设计的是伊斯兰教法的适用与程序，而非实体问题"。1908年，当时的总检察长再次强调："政府很小心地不去干涉伊斯兰教法。议案中的登记与不登记的规定都不会以任何方式影响到伊斯兰教徒的离婚和结婚的合法性。议案规定任命一个教法官也不是针对某个特别的区或特别的宗派或民族。"[①]

近代西方法律思想主张形式法治，即依法统治、法律自治、法律面前人人平等、法律的普遍性、司法独立、维护个人自由等，这些价值与马来半岛的传统价值差距比较大。尽管一些西方法律观念随着制度的移植，逐渐被马来半岛人所接受，但我们无法否认思想观念中的顽固因子拼命维系着本土文化与价值观。在法律近代化的进程中保留下来的传统法律观念，尽管有时看起来似是而非，但这些才是适合马来亚需要的法律观念。

在近代马来半岛，东西方交融的法律思想也塑造着马来民族主义。马来民族主义的发展是由受过西方近代教育的马来中上层人士主导的，其过程是渐进和缓慢的。由于缺乏工农群众的支持，马来民族主义发展转向王室和贵族，这又使马来民族主义受到王室传统的思想影响，从而具有浓厚的保守主义色彩。而普通的马来群众，绝大多数仍然处于马来上层的影响下，拥护王室、苏丹的主张。因此，马来民族主义一方面尽力维护马来民族的利益，增强马来人的民族意识和伊斯兰教观念；另一方面又拥护马来上层的利益，维护传统的社会结构。[②] 马来民族主义影响深远，马来民族主义者后来成为马来亚独立、国家建设和发展的支柱与引领者，如马来西亚"现代化之父"、以92岁高龄再度当选总理的马哈蒂尔就是马来民族主义者的杰出代表。

二　马来亚法制近代化的过程

（一）海峡殖民地的法制改革历程

18世纪中叶，英国成为头号殖民强国。英国人急于在印度至中国的航线上

---

① Ismail Hamid, *Masyarakat dan Budaya Melayu*, Dewan Bahasa dan Pustaka, Kuala Lumpur, 1988, p. 79.

② 贺圣达：《东南亚文化发展史》，云南人民出版社，2010，第387页。

找到一个合适的港口，东南亚海岛地区便成为英国争夺的对象。18 世纪末，荷兰东印度公司迅速衰落，英国人抓住这一时机，大肆扩张其控制范围，陆续取得槟州、新加坡、马六甲的控制权。

槟州是英国人在马来半岛占领的第一块地盘。1786 年，英国人从吉打苏丹手中接管槟州时，当地治安混乱，英国行政当局的主要精力只是维持当地秩序。当地的一些习惯法继续适用，考虑到英国法的公平正义，英国行政当局又加入了英国法的内容作为权宜之计，但法制体系仍然相当粗糙和混乱，出现过一些很奇怪甚至非常苛刻的判决。1807 年，英国政府颁布了殖民地第一部《皇家司法宪章》，标志着英国法首次以立法形式引入这个国家。

新加坡原本很荒凉，英国人驻扎带来的商机吸引了大量的移民，其中以华人居多。由于原住民极少，基本不存在法律改造问题，已经生效的第一部《皇家司法宪章》也适用于新加坡。不过，这种法律移植过程也必须符合新生殖民地的环境与条件。在新加坡，法律移植的主观筛选和区分以服务当地贸易、保护商人财产为导向，所以英国法中诸如维持神职人员、宗教法庭的管辖等条款，都被排除在新加坡之外。在新加坡，只需按照普通法的模式创立司法机构，而不用设立执行其他法律的法庭。新加坡立法议会成为当地的最高权力机关，对全体居民负责。

马六甲于 1824 年被英国占领，当时马六甲的法律状况有些不同。在 1511 年和 1641 年葡萄牙人与荷兰人分别占领该地区之前，强大的马六甲王国已经创立了许多法律和制度，社会秩序井然。在其被转让给英国人之时，当时该地区所适用的法律有马来亚习惯法、伊斯兰教会法、非马来族裔的习惯法以及一些荷兰法。在这种情况下，只要不与英国法的基本原则相冲突，当地已生效的法律继续保留。殖民政府重新任命行政、司法官员，这些官员的政令与判例成为马六甲新的法律渊源。英国殖民者要么自己行使立法权与司法权，要么委托当地居民的代表或头人行使。总体来说，英国人建立了统治马六甲的机构，但并不改变当地的原有法律和传统，所以马六甲社会生活中的各族群文化和传统绝大部分没有因为掌权者的变动受到影响。

随着殖民版图的扩张，更多的法律关系被置于英国议会的控制之下，特别是对马六甲的占领，英国法的适用不确定问题凸显。于是，随着 1826 年海峡殖民地的建立，第二部《皇家司法宪章》出台。其中明确规定，应适用1826年11月27日已存在的英国法，此后应参照当地的具体情况适用法律。自此，英国法成为早期海峡殖民地的基本法，英国普通法及相关内涵正式进入马来亚法律体系。不过，海峡殖民地的司法实践却不尽如人意。整个海峡殖民地最初只有一位职业法官，被称为"首席司法官"，在一些未受过法律训练的非专业法官协助下工作。所有到任的首席司法官均将槟州作为总部，每年只到新加坡和马六甲巡回办案两次。随着人口增长和商事活动的增加，大量案件积压，新加坡的情况尤其如此。英国人意识到这一初步成形、配置贫乏的司法体制远不能适应海峡殖民地的迅猛发展与繁荣的经济，遂于1855年颁布了第三部《皇家司法宪章》，该宪章的颁布使殖民地的司法体制得以重构。英国人为新加坡专门任命了一位首席法官，槟州首席法官不再管理新加坡的法律事务。1876年，海峡殖民地的行政管理权从印度转归英国政府直辖，该地的法院体系又一次发生变动。新加坡的首席法官成为海峡地区的首席大法官，而槟州的首席司法官被称为"槟州法官"。这一变动实际上承认了新加坡迅猛发展的地位，也反映出新加坡的地位已超越槟州。英国政府还从皇家法官中为殖民地指派了总检察长和律政司司长。根据1868年第五法令，在新加坡、马六甲设立的威尔士王子法院被撤销，"海峡殖民地最高法院"取而代之。1873年，海峡殖民地最高法院由四位法官重新组成，包括首席大法官、槟州法官、资深高级法官、普通高级法官。此外，还创设了上诉法院。至此，海峡殖民地的法院体系逐渐发展为现代意义上的法院系统。①

尽管1807年、1826年、1855年分别出台的三部皇家宪章大多照搬当年的英国法，但是三部宪章特别规定英国法被改造并适用于不同的族裔，同时存在英国法的空白适用区域。这意味着，只要条件允许，不同群体的诉讼当事人的宗教、习惯、风俗、家庭事务等应当被尊重。

除了宪政制度的构建，英国人对马来亚的土地法律制度也加以改革。马来亚是传统的农业社会，它从历史上就存在多元且复杂的土地习惯法。所以，英国人没有把英国的土地法也搬到马来亚，而是允许原有的土地习惯法存在并从司法角度予以认可，使之成为马来亚法律渊源的一部分。这样，马来亚的土地法律制度

---

① 〔澳大利亚〕吴明安：《马来西亚司法制度》，张卫译，法律出版社，2011，第26~33页。

在近代化的过程中保留了自身的特色。

正因为土地对社会的稳定和发展意义重大，海峡殖民地时期的土地管理也得到了加强。切蒂亚商人是印度人在马来亚商业阶层的先驱，在很早以前就来到马来亚，拥有强大的经济实力。他们主要从事高利贷业务，并与马来亚的经济交织在一起，几乎影响了整个马来亚社会。土地所有权作为债务抵押，当人们无力还贷时往往落入切蒂亚人之手。起初，殖民政府因为需要切蒂亚人的投资来发展经济，对这种土地兼并行为只是在某种程度上做了限制。1913 年出台的《马来人保留地法》规定，非马来人不能拥有土地。但精明的切蒂亚人利用了法律的漏洞，使马来人代表其拥有土地。20 世纪三四十年代经济大萧条，切蒂亚人的高利贷导致马来亚的许多农民和小资产者负债累累，许多马来家庭陷入没有土地的境况。1931 年出台的《销售限制法》和 1933 年出台的《马来人保留地法》意在保证农民的土地所有权、摆脱印度高利贷者的控制。《马来人保留地法》明确了马来人的土地不能被抵押贷款而转售，马来人的土地不允许转让、交易、租赁，或者以其他方式处理给非马来人。即便是钻了 1913 年《马来人保留地法》的空子，切蒂亚人控制马来人土地仍被殖民政府认定为非法交易，切蒂亚人要对此承担全部责任。1935 年出台的《高利贷法》进一步限制了高利贷者的放贷行为。[①] 切蒂亚商人的土地兼并行为，促进了马来亚土地管理的法制化，对马来亚土地制度的内容、目标、执行等产生了很大影响。

（二）马来联邦、马来属邦的制度构建和习惯法改造

二战前，英国殖民政府将马来亚分成三个行政区进行统治，分别为海峡殖民地、马来联邦、马来属邦。对于后两个行政区，英国人在消灭了所有的反对力量、撤掉所有反抗他们的苏丹和酋长后，受英国人承认的苏丹被授予一点管理自己邦国的权力，各邦国的界线也被明确划分出来。而此时，苏丹的真正权力已经完全或部分地被英国人窃取了。在政治上，苏丹开始成为马来政治主权的象征，但没有任何权力做出自身的决定或实际落实它，因为苏丹遇事总是上报，请示英国驻扎司或律政司。在新的政府里，马来联邦中最重要的官员是驻扎司，在马来

---

① 参见罗圣荣《马来西亚的印度人及其历史变迁》，中国社会科学出版社，2015，第 90~93 页。

属邦相对应的是律政司。马来诸邦的最高官员是最高专员，相当于海峡殖民地的总督。事实上，直到 1942 年，最高专员和总督都由同一个人担任。1909 年，联邦议院成立，以最高专员为主席，成员包括总驻扎司、马来联邦的四位苏丹和四名驻扎司，加上四名代表园丘和商业利益的非正式成员。联邦议院的职责主要是在推出新政策和条例方面为最高专员提供咨询。显然，在立法、政策和法律的行政管理与推行层次上，英国人的影响力最大。英国官员将政治（制定政策）和行政管理（落实政策）大权抓在手里，驻扎司、律政司等高级官员更甚。马来官员的职责只是推行来自上方的政策和指示，他们在决策上毫无作为。这是可料到的，因为他们总是从属于英国人。

英国人没有在马来联邦颁布皇家宪章，直到 1937 年才以成文法形式引入英国法。在未入邦的马来亚州，这个时间更晚些，为 1951 年。但这并不意味着此前没有英国法的引入。英国人虽然没有在海峡殖民地以外的地方直接立法，但是接受了英国法律文化的职业阶层的行为影响着海峡殖民地以外的地方。马来联邦、马来属邦效仿英国或英属印度的法律模式，首先直接立法，然后通过英国法律职业阶层的行为影响，间接引入马来联邦、马来属邦。当时，海峡殖民地的判例常被作为参考，似乎马来联邦、马来属邦的法律人已经没有其他选择，不过是在 1951 年直接用法律规定出来罢了。不过在这些地方，社会成员的构成较之海峡殖民地，马来人等土著族群占比更大。基本上，在司法实践中，马来人适用他们自己的习惯法或者伊斯兰教会法，非马来人适用他们自己的法律，英国人则适用英国法。① 什么族群的人适用什么族群的习惯，理论上说得通，但是实施起来并不那么容易。

在英国人到来之前，适用于马来人的唯一法律就是与当地民俗和习惯结合并改造后的穆斯林法。马来人有母系社会和父系社会两种习惯法。它们多以隐语或格言的形式表现，各自有一定的使用地区，这些习惯往往模糊且难以证明。在传统的马来亚社会，行政长官又兼任司法官员，现代法治要求的行政与司法分权，马来亚社会到此时还尚未出现。马来统治者及其幕僚负责法律、法令的适用，管理社会治安。官僚级别越高，司法权力也越大。然而，苏丹能否享有最高司法

---

① 〔澳大利亚〕吴明安：《马来西亚司法制度》，第 39 页。

权，很大程度上取决于苏丹的权威及其对下属的掌控能力，没有制度加以规范。许多地方头领实际上对很多民事、刑事案件行使着无限管辖权。

对穆斯林来说，伊斯兰教不仅是一种宗教，而且意味着一种生活方式。它包括法律、社会、道德的秩序，囊括了生活的全部。像其他宗教法一样，伊斯兰法的基础建立在宗教信仰之上。《古兰经》的第114章或第6360段落，指引出一切的对与错，贯穿人们生活的方方面面，方便穆斯林对照实施。由于信仰、哲学的不同，一些伊斯兰法学校可以分为两派。什叶派主要存在于伊朗，逊尼派构成了伊斯兰世界的大多数。从教法角度来看，逊尼派分成四大教法学派：哈乃斐、马立克、罕百里、沙斐仪。马来亚的穆斯林主要是逊尼派，属于沙斐仪教派。沙斐仪教派认为伊斯兰法的四大根基是《古兰经》、先知的圣行、调查研究与类比、协商一致，其中协商一致的影响最深远。几个世纪以来，伊斯兰已经形成精制而复杂的法学体系，秉持纯粹有时有些僵化的逻辑，穆斯林被要求履行"五功"：念功、拜功、课功、斋功、朝功。

伊斯兰法的实践在马来各州之间并不相同，甚至对某些情况在同一州的不同地区处理都不一样，它们受到各种各样习惯的影响。殖民地时期英国人对马来各州事务的介入在某种程度上促进了伊斯兰法管理实施方式的正规化。许多州修改原有法律，以使伊斯兰法成为主要法律。比如彭亨州法律将报应、非法交往、盗窃、抢劫、叛教、祈祷疏忽、程序、证人、起誓等带有伊斯兰法色彩的条款纳入其中。此外，彭亨州的伊斯兰法还涉及贸易、买卖、担保、许可、投资、合同、劳资、赠予、捐助。1911年，丁加奴州颁布的宪法中有关于法庭构成的规定，这为丁加奴州伊斯兰法的实施提供了依据。马来联邦上诉法院在1927年的判例中宣布，"伊斯兰法不是外国法而是地方法，是这片土地的法律"。在各州马来统治者与英国殖民者签订的条约中，尽管苏丹们同意接受英国人的建议，但是马来人的宗教和习惯问题不适用上述条约。更多的伊斯兰婚姻家庭法随之在海峡殖民地产生，并引发连锁效应，新加坡、马六甲、彭亨州也出台了《伊斯兰法管理条例》，对伊斯兰法的适用从此更加规范。

早在殖民地时期，对涉及华人习惯的法律问题，处理方式与处理印度裔类似问题的方式就不同。华人属人法的查明问题突出。中国家庭的基本风俗虽然可以查清，但当裁决具体的案件时，例如继承、收养，基本风俗往往太模糊和不确定，无法支撑判决，对于特殊的和地方的诉求，也没有权威可以诉求。终于，1893 年霹雳州议会第 23 号令（Perak Order in Council No. 23）正式承认华人的习惯，并汇编成条文。其他马来各州没有编纂华人的习惯法，就将霹雳州的法律规定作为参考。这在一定程度上促进了属人法在马来半岛各州的统一，同案不同判的情况得以减少。

对华裔，司法机关适用的不是纯粹的中国习惯法，而是中国习惯法与英国法的混合法。这种混合法，一方面满足了华人移民在异国他乡确立中国社会文化和习惯伦理标准的诉求；另一方面，马来联邦、马来属邦通过英国法在领域内的适用加强管控。由于当地中国法文献匮乏，当地法官无法充分理解并运用中国传统法律，他们只能完全依赖《大清律例》的英文版本和其他的一些文本，这对于外国人理解复杂的中国法实践显然是不够的。殖民初期，马来联邦、马来属邦在各个中国社区委托 1 名首领进行治理，首领发挥着联络华人社区与当地政府的作用。中国人喜欢生活、活动于家族或社团内，在远离故土的地方，逐渐形成按照姓氏或行业建立联系的团体，这些"外乡人的团体"被视为中国人在他乡的营地。中国人之间相互帮助和保护，对外采取措施进行自卫。中国首领、秘密社团、家族成为中国人在异地他乡规范自身事务的途径。然而，中国习惯的局限性日渐明显：中国移民越来越多，他们的宗教信仰不同，习惯也并不一致，只有婚姻家庭领域例外。[①] 中国人在当地社会的自治状况没有维持多久。随着英国法在马来半岛的影响范围逐渐扩大，马来联邦、马来属邦对地方居民事宜开始施加更直接的控制。仿效英国法制定的法律逐渐成为马来联邦、马来属邦的当地法。对华人从政治上的间接控制转变为直接控制带来了法制方面的变化：由中国人首领按照中国习惯进行管理，转变为接受英国法思维的法官以英国法和中国习惯共同判断是非，最后单单实施英国法，同时考虑中国习惯。对马来亚的华裔，中国习惯逐渐让位于秉承西方法律观念和近代化的法制。

英国在马来亚建立殖民统治后，大量印度人开始移居马来亚。这些来自南亚

---

① Rau and Kumar, *General Principles of the Malaysian Legal System*, International Law Book Service, Malaysia, 2006, p. 161.

次大陆不同地区的移民有着不同的语言、宗教、文化，其中南印度的泰米尔人人数最多。他们被统一冠以"印度人"这个称谓。对印度裔的法律适用问题，马来亚的法庭通常求助于 Mayne、Jolly、Mulla、Gour、Gupta[①] 人编纂的印度法官方文本。马来亚的法官借鉴英属印度殖民地的判例，在考虑印度法与习惯的基础上做出判决。由于印度教习惯法的千差万别，法律只适用习惯法的普遍原则，不适用具体、统一的习惯。

土著人是最早生活在东马和西马的族群。其中一小部分住在马来半岛，大部分住在东马的沙巴与沙捞越。土著人不属于马来族，他们存在众多的族群及支派，有自己的语言、宗教、习俗、文化。沙巴的土著民族以卡达山人为主，沙捞越的土著人以伊班族为主，伊班族是达雅克人的分支，达雅克人及其支流族群是沙巴及沙捞越最重要的一个土著族群。土著人世代通过口头传承大量的习惯，这些习惯最终具体化为一系列规定，从而管理、保持秩序和社会关系。

在习惯与传统之下，土著人创造出了非凡的社会，村落首领凭借古老惯例对人们的约束力来主持正义。土著人的人生哲学是维持社会的平衡。对损害施加报复只会让情况恶化，唯有补偿才能恢复社会的平衡以至和谐。土著人认为人由自然界的元素构成，而人本身也是自然界的一种元素。万物之间既有共同的利益，也有不同乃至相互冲突的利益。土著人相信人与自然界的相互依存关系是生命与社会的基础，由此他们尊重他人、生物（无论大小）、树木、河流等。土著人习惯法就是为了保证自然的和谐、提升所有生物（包括人）的幸福感。英国人把土著习惯法从口头传承习惯转变为在设立的行政与司法框架内运行的一套明确的书面规则。土著习惯法的正式化，既通过书面形式保证了习惯法的传承，又让习惯法更加明确。土著习惯法被置于正式的、世俗的法律体系之中，具有分等级的法院结构、上诉制度、判例制度、证据规则、证明标准。不可否认，这场正式化既保存了伟大的遗产，又使土著习惯传统发生了巨大变化。

按照英国法的标准，必须有证据证明某一习惯是古老的、从未中断的、统一的、一贯的、合理的、确定的和默认的。当时的法官接受英国法律和方法论教

---

① 　Mayne、Jolly、Mulla、Gour、Gupta 分别是古代印度出现过的王国的名称。

育，从英国法的"窗口"来审视习惯，创造与实施"各族习惯法"。由判例构成的当地居民的习惯法与其原有内容有很大的差别，可以看作司法对习惯的近代化改造。虽然马来联邦、马来属邦尚为依照条约处于英国保护之下的诸国，普通法还是悄悄地侵入了习惯法，助力马来联邦、马来属邦的法制近代化。

（三）二战后独立前宪政制度的实践

1946 年 1 月，英国人主导提出"马来亚联邦"计划（又称"白皮书"）。该计划主张新加坡与马来亚分离，英国人在马来亚保留总督作为英方管理的最高长官，放宽取得公民资格的条件，马来亚保留苏丹，但苏丹没有权力。白皮书损害了马来特权阶层的利益，因而遭到他们的联合抵制，最后不得不作罢。1946 年 7 月，英国殖民政府、苏丹、巫统领导人多次协商，决定成立"马来亚联合邦"并签订《马来亚联合邦协定》（又称"蓝皮书"）。蓝皮书恢复了苏丹的权力，承认马来人的特权，提高取得公民资格的条件。根据蓝皮书，大量居住于马来亚的华人、印度人很难取得公民权，在社会生活诸多方面无法享受国民待遇，很难融入社会，所以蓝皮书遭到除封建苏丹和大资产阶级之外的各族人民的反对。然而，当时的马来亚政治是操纵在马来特权阶层手中的，他们与英国人达成合意，蓝皮书被强行通过，英国人在马来亚设高级专员给马来统治者"提出建议"。据此，马来亚仍然是英国的殖民地。

新的立法议院在 1948 年成立，马来官员逐渐成为议院有影响力的成员。1951 年，英国人逐步推出内阁制，马来名流被委任并执掌相关部门。马来官员的名额之争激烈，有着不同背景与纲领的政党开始活跃于政坛。马来亚各本土政党的成员积极加入政治机关和立法机关。不仅如此，各本土政党也激烈角逐未来国家的领导权。最尖锐的竞争发生在巫统和国家党的支持者之间，巫统得以胜出，成为马来亚独立后的领导者。1957 年，马来亚从英联邦内独立，颁布宪法。至此，马来亚才摆脱英国的殖民统治，马来半岛终于出现了真正意义上的独立的民族国家。公务员直接参政在马来亚独立后结束了。马来亚独立之后采用的宪法强调把公务员职务限制于行政管理层面，他们要执行当政者所做出的决定，公务员仍可成为政党的普通党员。本国政治人物制定国家大政方针，由公务员予以落实。慢慢地，专业人士和其他中层阶级民众开始增加。与此同时，武装部队得到扩充以确保和平和安全。虽然军警是在政府的控制下，但在一般的情况下，他们不受行政人员和政治人物的干预。这里要强调的是政治、行政和军事（包括警察）已经分家，各有自己的职责和官员。[①]

结　语

英国在马来亚地区的统治给当地带来了深刻的影响，马来亚社会基本实现了近代化。近代化虽然是对传统的突破和否定，但这种否定不是完全的抛弃，而是否定中包含肯定。在英国殖民时期，尽管马来亚保留传统的程度因地而异，但苏丹的领袖地位还是保留下来了。不仅如此，马来人在官僚机构的就职、土地所有权和教育资助等领域也享有特权。就这样，马来亚法律传统中的一部分被允许进入近代社会。

马来亚的法律制度也在英国殖民时期实现了近代化。在马来亚，近代法律文化基本形成，公平、正义等近代法制观念在一定程度上渗入传统习惯，法制获得全新的生机并蓬勃发展。立法的作用开始超过习惯法的自我演进，当地的法律传统逐渐被近代法律制度的原则和规则所改造，马来亚法制的内涵变得丰富起来。这一时期，马来亚的立法、司法、行政逐步分离，法律职业阶层慢慢形成。从英国引进的法律人才已经无法满足马来亚社会的需求，马来亚开始逐步在当地培养法律专业人士，这些人对法律技术的掌握水平日渐提高。后来，他们又成为马来亚的精英和官僚基础，为马来亚的独立与进步发挥了重要作用。

（责任编辑：王畅）

---

① 参照〔马〕赛·胡先·阿里《马来人的问题与未来》，赖顺吉译，吉兰丹，马来西亚，永联印务，2010，第 29～32 页。

The Modernization of the Malaya Legal System
in the British Colonial Period

Zhang Rong

Abstract：Modern Malaysia's legal system adopts the Western legal system while has the Eastern legal content, which is closely related to the process and mode of the modernization of the legal system in the British colonial period. During this period, the Eastern and Western legal thoughts collided and merged in Malaya, which opened and basically completed the modernization of the Malaya legal system.

Keywords：Malaya；The Modernization of the Legal System；British

《新丝路学刊》（总第 1 期 ~ 总第 6 期）目录

2017 年第 1 期（总第 1 期）

• 特稿 •

吴思科："一带一路"与中东地区治理 ………………………………… 1

潘志平：丝绸之路经济带：三大经济走廊道路的考察 ……………… 12

• 话题聚焦："一带一路"与中外交流和合作 •

吴冰冰："一带一路"与中沙战略合作的机遇和挑战 ……………… 25

毕健康："一带一路"与非洲工业化

　　——以中埃经贸合作区和亚吉铁路为例 ……………………… 37

昝涛：中国和土耳其之间的精神联系：历史与想象 ……………… 50

侯宇翔："一带一路"下中国—伊合合作参与全球治理的路径 ……… 77

闵捷："一带一路"与中国巴基斯坦人文交流 …………………… 94

• 其他 •

马晓娟：爱国宗教人士马良骏"和"的思想及其实践研究 ……… 108

苏闻宇　关琳子："洪汉英工作室"与内地少数民族大学生培养模式 ……… 124

王畅：上海自贸区对接"一带一路"投资管理制度创新实践 …………… 138

2017 年第 2 期（总第 2 期）

● 特稿 ●

杨福昌："一带一路"助推"全球化"前进 ……………………………………………… 1

王义桅："一带一路"：再造中国，再造世界 ……………………………… 9

安瓦尔·尤素福·艾勒·阿卜杜拉：

　　"一带一路"框架下中国－海合会的经济合作 ……………………… 33

曹德明："一带一路"与外语战略人才培养 ……………………………… 42

● 区域国别问题研究 ●

刘欣路：融媒体时代中国对阿拉伯世界的国际传播 ……………………… 60

周楠：委内瑞拉"查韦斯主义"的兴起及其现实影响 …………………… 72

桂宝丽：中亚丝路绿洲商道溯源 ………………………………………… 86

曹　盟　马晓娟：历史视域下草原丝路经贸与人文交流合作 ……………… 103

● 丝路学研究 ●

杨恕：国内"一带一路"研究的基本特点及分析 ………………………… 120

马丽蓉：全球丝路学派比较研究 ………………………………………… 132

2018 年第 1 期（总第 3 期）

● 特稿 ●

丝绸之路与"一带一路" …………………………………………… 刘迎胜 / 1

关于中巴经济走廊建设的若干思考 ………… 〔巴基斯坦〕纳杰姆丁·谢赫 / 10

"一带一路"倡议与中国的全球化主张 …………………………… 王　健 / 25

● 区域国别问题研究 ●

"一带一路"背景下以色列智库研究 ……………………………… 杨　阳 / 39

越南媒体对"一带一路"倡议的认知与舆情分析 ………………… 冯　超 / 62

国家安全视域下的泰南穆斯林双语教育研究 …………………… 朱　蒙 / 80

欧洲穆斯林难民政策研究

　　——以英国、法国、德国为例 ………………………………… 赵　阳 / 94

希腊外国移民生存现状分析

　　——就业、教育和社会保障 ………………………………… 王　群 / 113

● 丝路学研究 ●

"一带一路"、"丝路学"与区域研究 …………………………… 昝　涛 / 134

论英国人在中国新疆的探察活动

　　——19 世纪中叶至 20 世纪中叶 ………… 艾买提江·阿布力米提 / 144

"丝路学·国际论坛"（2017·上海）会议综述 …………………………… / 162

2018 年第 2 期（总第 4 期）

● 特稿 ●

"一带一路"建设五周年：回顾与展望 ………………… 王　文　刘　典 / 1

● "一带一路"研究 ●

"双重身份"国家在"一带一路"建设中的独特作用 …… 杨　恕　王术森 / 29

土耳其在"一带一路"建设中的作用评估 ……………………… 许培源 / 48

从中巴经济走廊建设看中巴关系及其前瞻 ……………………… 王　南 / 65

"一带一路"倡议与印度"季风计划"对接的文化合作路径探索

　　…………………………………………………… 〔印〕郎荣吉 / 84

穆斯林移民融入西欧国家的困境和融合模式 ……………………… 虞卫东 / 96

冷战时期泛亚铁路建设实证分析 ……………… 〔希〕阿娜斯塔西娅杜·艾琳 / 109

● 丝路学研究 ●

丝路宗教交融：入华景教对摩尼教的吸取与借鉴 ……… 杨富学　盖佳择 / 125

关于陈寅恪的敦煌学研究 ……………………………………… 刘克敌 / 139

历史上中国农耕区与北方草原间的和亲人文效应评析 ………… 马晓娟 / 151

第二届"丝路学·青年论坛"（2017·上海）会议综述 ………………… / 162

2018 年第 3 期（总第 5 期）

● 特稿 ●

"一带一路"及人类命运共同体理论话语体系的建构 ………………… 贾文山 / 1

● "一带一路"研究 ●

中印关系发展意义、现状及其影响 ………………………………… 胡志勇 / 16

"一带一路"的安全与经济：三国案例研究

　　……………………… 〔美〕亨瑞克·浩格林　理查德·吉亚斯 / 32

中国文化"走出去"面临的挑战与应对策略 ……………… 苏　娟　张　丽 / 45

智利非物质文化遗产保护政策与法律对中国的启示 ……………… 周　杰 / 62

● 丝路学研究 ●

典籍互译对中俄人文交流的影响研究 ……………… 宁　琦　李明滨 / 76

古丝绸之路上中国与伊朗的商贸交流 ……… 〔美〕詹姆希·乔克希 / 89

大谷光瑞与日本敦煌学 ………………………………… 修　斌　陈琳琳 / 104

"苏哈尔号"远航中国的历史与现实影响分析 ……………… 马和斌 / 117

乡约制度多重功能探析：以新疆乡村治理为例

（1884～1911）……………………………………………… 赵丽君 / 132

第二届"丝路学·国际论坛"会议综述…………………………………… / 145

2018 年第 4 期（总第 6 期）

● 特稿 ●

"一带一路"背景下中国与亚非国家合作的机遇、挑战及应对

……………………………………………………………… 吴思科 / 1

● "一带一路"研究 ●

"一带一路"背景下中国与埃及产能合作的主要成就及面临的问题

………………………………………………… 马晓霖　闫　兵 / 11

"一带一路"背景下中国与以色列的人文交流 ………… 郭白歌 / 24

● 国别与区域研究 ●

美国大都市劳动力市场拉丁裔创业的多维度研究 ……… 王清芳 / 39

当代中国的拉丁美洲研究 ………………………………… 于　漫 / 56

坦桑尼亚新型华人社区的社会互动：以"S"社区为例 ……… 马　骏 / 75

● 丝路学研究 ●

文化维度理论下的阿拉伯固有文化特征研究 …………… 肖　凌 / 89

缅甸"罗兴亚人"问题的历史与现实分析 ………… 熊顺清　吴金光 / 103

英国殖民时期马来亚法制的近代化研究 ………………… 张　榕 / 116

《新丝路学刊》征稿启事

《新丝路学刊》（*Journal of New Silk Road Studies*）是秉承弘扬丝路精神的宗旨，助推"一带一路"理论与话语及学科建设的专业性学术期刊。本刊在跨学科、多领域中形成问题导向型的研究范式，旨在将丝绸之路研究的静态学术资源盘活为"一带一路"建设的动态现实资源，以彰显中国特色的丝路学研究的战略地位与学术担当。

本刊关注的长期议题包括：

一、丝路学研究：中国、欧美、日本、俄罗斯等相关境内外丝路学派在西域学、敦煌学、吐鲁番学、郑和学等相关研究、丝路学领域的重大理论问题的研究及丝路学学科构建的最新成果。

二、丝绸之路的历史研究：通过历史学、宗教学、人类学、民族学、社会学等学科理论对丝绸之路历史上的经济、政治、文化等领域的综合研究。

三、"一带一路"的政策和理论研究：国内外对"一带一路"及国际体系转型、国际关系变革、全球治理等重大现实问题进行的理论研究。

四、"一带一路"沿线国别区域问题研究：运用政治学、国际关系学、社会学、经济学、传播学、宗教学、民族学等学科方法对"一带一路"沿线的国别区域问题进行研究。

近期关注的议题包括：

1. "一带一路"沿线国别区域的非传统安全问题研究。2. 中国与丝路沿线国家人文交流研究及"民心相通"案例研究。3. 全球治理框架下的难民问题研究。4. "一带一路"相关国际组织研究。5. 中国特色大国外交的创新理论与实践研究。

本刊另有篇幅为自由选题，欢迎各位同仁围绕专题与自由选题踊跃赐稿，提请关注以下投稿须知：

一、来稿应注重学术性和理论性，选题、观点、材料、方法新颖，内容充实，论证严谨。

二、论文字数不少于1.5万字。来稿除正文外，还应包括内容提要（300～500字）、关键词（3～5个）、作者简介（注明工作或学习单位、职务职称、通信地址、邮政编码、电话号码和电子邮箱），并请在文末附上文章题目、内容提要和关键词的英语译文。

三、来稿中所有引文引证的观点，请以脚注形式注明出处。引用报刊资料请注明作者、文章标题、刊名、刊期，页码；引用书籍资料请注明责任者、责任方式、书名、出版社、出版时间、页码；引用互联网资料请注明作者、文献名、下载网址和下载时间。外文书刊可按国际惯例直接引用。

四、来稿文责自负，但本刊有删改权，如不同意，来稿时请注明。

五、切勿一稿多投，一旦发现，本刊将予以追究。若投稿三个月内未接到编辑部通知，可对稿件自行处理。未经采用的稿件恕不退还。

投 稿 邮 箱：nsrjournal@163.com

通 讯 地 址：上海市虹口区大连西路550号《新丝路学刊》编辑部

邮 政 编 码：200083

网 址：http：//www.isrss.shisu.edu.cn/

微信公众号：上外丝路

电 话：021 - 35376278

图书在版编目（CIP）数据

新丝路学刊.2018 年.第 4 期：总第 6 期 / 马丽蓉主编.－－北京：社会科学文献出版社，2019.5
ISBN 978 - 7 - 5201 - 4793 - 4

Ⅰ.①新…　Ⅱ.①马…　Ⅲ.①"一带一路" - 国际合作 - 丛刊②丝绸之路 - 丛刊　Ⅳ.①F125 - 55②K928.6 - 55

中国版本图书馆 CIP 数据核字（2019）第 080667 号

新丝路学刊　2018 年第 4 期（总第 6 期）

主　　编 / 马丽蓉

出 版 人 / 谢寿光
责任编辑 / 许玉燕
文稿编辑 / 徐　花

出　　版 / 社会科学文献出版社（010）59367189
　　　　　　地址：北京市北三环中路甲 29 号院华龙大厦　邮编：100029
　　　　　　网址：www. ssap. com. cn
发　　行 / 市场营销中心（010）59367081　59367083
印　　装 / 三河市龙林印务有限公司

规　　格 / 开　本：787mm × 1092mm　1/16
　　　　　　印　张：9　字　数：150 千字
版　　次 / 2019 年 5 月第 1 版　2019 年 5 月第 1 次印刷
书　　号 / ISBN 978 - 7 - 5201 - 4793 - 4
定　　价 / 59.00 元